目标传导式
绩效管理

姚 敏 王 放 著

Objective Transmission-based
Performance Management

中国社会科学出版社

图书在版编目（CIP）数据

目标传导式绩效管理 / 姚敏，王放著 . —北京：中国社会科学出版社，
2020.8

ISBN 978 – 7 – 5203 – 4199 – 8

Ⅰ. ①目…　Ⅱ. ①姚…②王…　Ⅲ. ①企业绩效—企业管理　Ⅳ. ①F272.5

中国版本图书馆 CIP 数据核字（2019）第 047916 号

出　版　人	赵剑英
责任编辑	田　文
责任校对	张爱华
责任印制	王　超

出　　　版	中国社会科学出版社
社　　　址	北京鼓楼西大街甲 158 号
邮　　　编	100720
网　　　址	http://www.csspw.cn
发　行　部	010 – 84083685
门　市　部	010 – 84029450
经　　　销	新华书店及其他书店

印刷装订	北京君升印刷有限公司
版　　　次	2020 年 8 月第 1 版
印　　　次	2020 年 8 月第 1 次印刷

开　　　本	787 × 1092　1/16
印　　　张	16
字　　　数	211 千字
定　　　价	129.00 元

顺势应时推进企业绩效管理创新发展

——序《目标传导式绩效管理》

范恒山

（2020 年 7 月 2 日）

所谓绩效管理，简言之，是一种旨在推动各相关要素为实现一定目标而积极发挥效能的管理方式。绩效管理的核心要素是人，良好的绩效管理，集中体现在能够最大限度地发挥相关人员的积极性和能动性。绩效管理强调个人努力方向与组织目标的一致性，并在根本上体现个人和组织的一体发展与互利共赢。绩效管理的目标要求各个相异，既可体现在约束与规范人的行为方面，又可体现在激发与释放人的能量方面；绩效管理的落脚点是对人的行为结果的考评与奖惩，由此带来管理效益之显现与机制运行之持续。研究显示，国外较为规范的绩效管理来自于英国文官制度的改良。在早期的制度框架下，文官晋级提升主要依凭年资，这样做的结果是带来了臃员充斥、人浮于事、开拓创新不足、工作效率低下等一系列弊病。到 19 世纪中叶，这一制度得到了全面改革，文官的选任、管理与晋升突出公平竞争、奖优汰劣，建立了一套制度体系和操作程序。这一改革大大调动了文官的积极性和创造性，也大大提高了政府行政管理的科学性和效率性。来自于经验借鉴或务实创造，绩效管理被应用到几乎各个领域，也呈现出不同的内容与形式。

企业绩效管理成为社会最普遍、最典型也最具辩识度的绩效管理。总体上看，企业绩效管理是服从于企业发展战略的一种管理行为。在确定发展指标、实行任务分解、建立评价标准等的基础上，紧紧契合各个运行环节实施绩效管理，能够激励和约束员工通过积极的创造性的工作，持续改善业绩，依此尽可能快地实现企业阶段性或长期发展的战略目标要求。由于抓住了人这个关键因素，绩效管理也就成为了企业管理的核心环节，对企业发展发挥着至关重要的作用。在今天，建立与完善科学的绩效管理体系是企业获取核心竞争力、实现可持续发展的必然选择和重要路径。

对于企业来说，绩效管理是伴随着经济社会发展与企业竞争的加强而不断拓展和提升的，在这个过程中，理论建树和实践推进表现出高度的统一性。创立于19世纪末20世纪初的"泰罗制"，作为绩效管理的初始形态或基础模式，在将"标准操作方法"用于企业劳动过程的同时，也将科学知识与手段系统运用于管理实践，形成了不同于经验管理的科学管理理论体系。而20世纪30年代梅奥进行的"霍桑实验"，以"社会人"而非"经济人"的认知研究企业劳动者的工作动机与行为，在建立人际关系理论并进而推动建立行为科学的同时，带来了实际操作中对职工兴趣爱好、情绪态度等人性、心理因素的关注，也推动了与此相关的一些环境条件的改变。与现代公司制度发展相联系，第二次世界大战后盛行于美国等的企业内部"职工持股计划"，在计时计件工资等激励之外形成了股权激励，依此推动企业职工以雇员和雇主双重身份尽力为企业工作，而这也成为了西方所谓"人民资本主义"理论的重要实践依据之一。当然，上述这些并不是绩效理论和实践一体创新的全部，事实上一直到今天，这种创新都在持续进行着，只是它们并非都一定以绩效管理的面目出现，更多的是体现为基于企业发展的一种综合创新，因此以绩效管理为主线对它们进行系统梳理并不容易。但可以肯定的是，每一次理论与实践相统一的拓展提升，都意味着企业体制机制的创新，也带来了企业效率与效益的显著提高。在这个过程中，绩效管理的视角和重心也在不断调整和变化，比较突出的是四个方面的转变：一是从注重阶段性财务指标转向服务于企业整体战略。传统绩效考核是与企业阶段性发展目标紧紧相扣的，主要服务于成本、利润等年度财务类指标。与企业组织形式由手工作坊向现代企业制度转变等相适应，企业发展目标也从简单追求良好的财务指标上升为明确的整体战略要求，企业的绩效管理也相应转变成为实现企业战略的重要手段。这一转变与以往形成了两个显著不同：因素设定不仅重视重要的财务指标的要求，而且重视其他重要方面的要求；措施选择不仅考虑阶段性发展需要，而且考虑长远发展的需要。二是从重视个人绩效转变为一同重视个人与团队绩效。一方面，行为心理与社会分工使个人工作效率越来越倚重于团队的协作；另一方面，适宜规模的团队作为既经济又精干的组织单元，成为最具效率的工作机制，因而也成为了当代组织扁平化、分散化改革的重要表现形式。基于强烈欲望和独特技能的个人努力与基于优势互补、相互激发的团队协作的有机结合，能够创造出最好的工作绩效。三是从简单事后评价型管理转变为高度重视事前指导型管理。事后评价型管理是被动性管理，是对既有工作过程的无条件接收，不仅不利于提高绩效，还容易造成被考核者的负面情绪，为未来提高绩效带来不利影响。鉴此，事前指导逐渐纳入绩效管理。事前指导型管理基于经验与科学努力为员工优化操作路径，积极引导员工实行绩效改进，因而大大降低了路径风险和操作失误，不仅有效地提高了工作绩效，也自然化解了一些不利因素。四是从单一维度管理转变为多元维度管理。企业战略具有综合性、多元性和统筹性的特点，使绩效管理从服务于财务指标向服务于企业战略转变的同时也呈现出多元维度管理的特点。绩效管理不仅要关注于重要指标，而且要考虑综合协调；不仅要考虑内部需要，还要考虑外部环境，即注重市场竞争的要求、时代发展的需要、国家的战略使命、人民日益增长的美好生活的满足等。这些变化，使现代绩效管理明显区别于传统绩效管理，也构成了我们结合实际、从国情区情企情不断优化绩效管理的基础与前提。

中国绩效管理的思想与实践可谓源远流长，有的研究者甚至认为，《尚书·尧典》中"纳入大麓，暴风骤雨弗迷"就是指尧将帝权禅让给舜之前，对其进行绩效考核。如果这一认识成立的话，那么中国的绩效考核似可以追溯到三皇五帝时期。还有资料说，较为规范的绩效考核起源于中国宋朝的吏部考核体系。对这些说法似可以做进一步的研究，但有一点是可以肯定的，自古代以来，绩效考核就以不同形式存在于中国的吏治制度之中。从某种程度上说，这就是行政系统的绩效管理。而就企业绩效管理而言，则是在新中国成立之后才体现得比较明显和充分，但在不同的时期存在着较大的差异。与基本单一的公有制结构和"无私奉献"的主流意识等相适应，计划经济时期的企业绩效管理主要依赖于精神支持，即通过企业劳动者奉献精神的自觉展现和管理者对这种精神的弘扬激励来提高企业生产效率。各条战线的"劳动模范"是这种精神内在展现和外部激励结合的典型载体。除此外，考核的手段也比较单一，一般以计件计时为标准。基于特殊管理体制、社会氛围和外部环境，这一时期的企业绩效管理体现了浓厚的中国独创性。随着改革开放的推进和社会主义市场经济的发展，绩效管理的名词堂而皇之地登上了企业管理的殿堂，管理的手段也从制度到技术层面快速拓展，其中包括对西方管理理念与手段的学习借鉴。企业承包制、租赁制、股份制等的建立和发展为企业绩效管理奠定了制度基石。在此基础上，德能勤绩考核、全方位考核（360°考核）、量化考核与目标管理、关键绩效指标考核（KPI）等多种操作方法陆续创立并应用。激励手段日益多元化、评价结果日益精准化、以物质激励为主体等成为了当前企业绩效管理的基本特点。总体上说，绩效管理意识在中国企业普遍树立，不同形式的绩效管理制度也在大部分企业建立起来。但当前企业绩效管理仍然存在着不少问题，突出的有四点：一是重小不重大。在绩效计划制定、辅导沟通乃至考核评价方面，往往专注于微观指标和技术环节而忽视企业使命与国家要求，一定程度上与企业发展战略相脱节。二是重形不重实。考核指标脱离实际，程序设计过于复杂，缺乏对实质性问题的深度分析评价，以至于要么陷入机械填写表格的形式主义，要么形成东边损失西边补的平均主义。三是重物不重人。过分倚重财务或物质指标评价，忽视职工道德品质和精神元素的培育；看重一时一事的结果，忽视职工长期动力与内在激情的培养；员工参与度低、主体意识薄弱，不利于形成积极进取的绩效管理文化。四是重搬不重创。忽视结合国情和企业实际进行务实有效的创造，简单排斥以往形成的独特经验，机械照搬国外的管理模式和做法，以至于因水土不服导致效果低下甚至事与愿违。总体上看，中国企业绩效管理还不够系统，规范和务实有效、深化与完善的空间还很大。

随着经济全球化的深入推进和我国市场经济的向前发展，市场的变化性、技术的创新性、组织的转换性、人员的流动性等不断增强，企业面临的环境愈显复杂，而员工作为企业核心竞争力的特性日益凸显。因此，增强员工的忠诚度、稳定性和创新力，成为绩效管理的核心内容，也成为创新绩效管理的基本动力，我国企业绩效管理也应紧紧扣住这个基本要求。与此同时，立足于克服薄弱环节，企业绩效管理应当特别重视如下一些方面：一是因情而定、顺时而变。原则上，绩效管理应结合企业的产权性质、行业类型、发展阶段、基本任务等进行差异化设计，不能因袭统一的模式，也不能将之固化起来。二是立足当前、兼顾长远。重视企业长远战略在阶段性业绩指标中的反映，通过合理的绩效考核体系，既促进当前任务的圆满完成，又保障企业长远战略目标的有效贯通；三是遵从国情、承创结合。植根于中国国土的各类企业具有共同的文化背景、历史底蕴和民族特性，这决定了我国企业绩效管理创新在主体上应当依照国情进行，可借鉴但不能照搬照套国外的做法；这也要求正确对待我国绩效管理的历史经验，不能借故一概予以排斥，而应当把那些富于创造又行之有效的做法传承下来、融合到新时期企业绩效管理制度的创新之中。四是强化纽带、增进融合。与现代企业制度建设等相适应，进一步强化员工与企业间包括股权激励在内的多重利益纽带关联，同时进一步强化包括精神激励在内的非物质激励举措，促进员工与企业融为一体，全面激发企业各类人群的积极性和创造性。五是加强对接、力求精准。特别要注重与智能设施、数字技术、异架结构等现代科技手段和信息工具相对接，增强考核元素的计量性和可测性，提高管理的针对性与及时性，更加精准地反映绩效管理的成效与进展。

姚敏、王放同志所著的《目标传导式绩效管理》一书，对中国企业绩效管理问题进行了系统研究和深入思考。在分析绩效管理理念、目标、模式等的基础上，提出了目标传导式绩效管理的思路，相应提出了具体的实施路径与操作模式。作者长期在大型企业从事管理工作，亲身观察和感受到了我国企业绩效管理中存在的一些突出问题，例如企业发展战略与员工成长结合不够紧密、绩效计划目标传导性不强、绩效评价与改进不够务实、绩效管理的时效性较弱、绩效评价结果仅与薪酬挂钩等。从一定程度上说，本书的立论建言也在于试图解决这些实际问题，其所阐述的着力构建企业战略与员工成长的桥梁、聚焦企业核心目标形成有效的传导机制与纠偏系统等观点值得重视。据作者介绍，相关思路已在煤制油化工和煤炭开采的一些领域管理实践中得到应用并取得了良好的效益。果若如此，本书能够对从事绩效管理工作的人们起到积极的借鉴作用，对读到本书的其他人也能带来意想不到的益处。期愿本书能对中国企业绩效管理的理论创新与实践拓展产生积极的推动作用，也期愿我国企业能够借助绩效管理不断做优做强做大，为加快实现国家现代化提供坚实有力的支撑。

是为序。

前　言

　　我国企业的绩效管理设计与实践均建立在西方已有理论系统的基础上。由于中西方存在制度体系、思维方式、文化内涵等方面明显的情境差异，导致企业在设计、实施绩效管理时出现了各种问题。我们在企业绩效管理的实践探索研究中就出现了诸多困惑：绩效管理理论缺乏系统性与完整性，未能将企业战略和员工成长充分结合起来；绩效计划的目标传导性不强，未能将企业的战略目标横向传导至员工，纵向传递至岗位；绩效评价与改进缺乏操作性与指导性，未能较好地解决定量指标数字化、定性指标定量化考核的问题；绩效结果应用存在一定的局限性，未能体现人力资本的最优化；绩效管理的时效性、动态性较弱，未能做到全过程与全天候跟踪管理，等等。如何在理论与实践中解决这些问题，并形成可供参考复制的本土化绩效管理模式与方法，这是本书成文的根本动因。

　　2016年7月习近平总书记在宁夏视察调研宁东煤化工基地时提出"社会主义是干出来的"重要论述，充分肯定了基地煤化工产业的发展成果。作为宁东煤化工基地煤制油产业项目的操盘手与具体见证人，我们认为有必要将实践过程中诞生的本土化绩效管理经验与方法进行系统总结与理论提炼。

　　本书以宁东煤化工基地煤制油产业绩效管理成功经验为基础，结合系统科学与企业管理等相关理论，提出并构建了目标传导式绩效管理理论体系。本书首先从理论层面系统梳理了战略管理、目标管理、绩效管理和绩效评价、激励理论以及组织领导、决策理论、系统论、控制论等经济管理及系统科学的相关理论，综合构建起了目标传导式绩效管理的理论体系与方法模型；其次重点介绍了目标传导式绩效管理的体系构成，包括目标管理体系、绩效评价体系、薪酬激励体系、员工成长体系，以及一体化信息平台，即"四体系一平台"有机的结构；再次从文化、组织、人员、制度、技术、流程六个方面详细阐述目标传导式绩效管理实施运行所需的各方面保障，进一步丰富完善了目标传导式绩效管理的理论支持与操作指导；最后从管理效应、经济效应以及环境效应等方面对煤化工行业实施目标传导式绩效管理的效果进行全面评价，验证了目标传导式绩效管理的科学有效性。此外，本书还对目标传导式绩效管理的理论贡献与创新进行了系统总结。

本书所提出的"目标传导式绩效管理"是建立在具体的已实施企业管理实践基础上，在不断试错的实践中逐步提炼，具有鲜明的直接经验特征与本土化特征，是宝贵的中国绩效管理经验总结与理论提炼，将为中国企业的绩效管理工作提供本土化的成功经验与参考方法，同时也将为进一步探索中国本土的绩效管理提供有力的理论支撑。

感谢宁东煤化工基地的奋斗者们艰苦卓绝的实践摸索，感谢武汉大学柳瑞禹教授团队卓有成效的辛勤努力。由于我们的知识能力有限，对于本书中的不足之处，恳请各位读者批评指正。

作　者

2018 年 12 月于银川

目　　录

第一章　绪论 ……………………………………………………（1）

　第一节　研究背景及意义 …………………………………………（1）

　　一　研究背景 ……………………………………………………（1）

　　二　研究意义 ……………………………………………………（3）

　第二节　研究思路 …………………………………………………（7）

　第三节　相关研究文献综述 ………………………………………（9）

　　一　绩效管理理论国外研究现状 ………………………………（9）

　　二　绩效管理理论国内研究现状 ………………………………（11）

　　三　多目标决策方法的国内外研究现状 ………………………（13）

　第四节　研究创新点及主要内容 …………………………………（14）

　　一　研究创新点 …………………………………………………（14）

　　二　主要内容 ……………………………………………………（17）

第二章　研究理论基础 …………………………………………（19）

　第一节　目标传导式绩效管理的理论框架 ………………………（19）

　第二节　战略管理理论与目标管理理论 …………………………（21）

　　一　战略管理理论的内涵和演进发展 …………………………（21）

　　二　目标管理理论的内涵 ………………………………………（24）

　　三　目标传导式绩效管理中的目标管理理论与战略
　　　　管理理论思维 ………………………………………………（26）

　　四　战略管理理论与目标管理理论的应用评述 ………………（28）

第三节　目标传导式绩效管理中的绩效评价理论方法 …… （29）

　　一　绩效评价的内涵和思想基础 ……………………… （29）

　　二　PDCA 循环绩效管理体系 ………………………… （32）

　　三　目标传导式绩效管理中的绩效评价思维模式 ……… （34）

　　四　绩效评价方法与思维的应用评述 ………………… （36）

第四节　目标传导式绩效管理中的多目标决策理论与

　　　　方法 ……………………………………………… （36）

　　一　多目标决策理论 …………………………………… （36）

　　二　目标传导式绩效管理中的多目标决策方法的

　　　　综合应用 ………………………………………… （39）

　　三　多目标决策理论与方法的应用评述 ……………… （47）

第五节　目标传导式绩效管理中的行为激励理论 ………… （47）

　　一　行为激励理论思想内涵 …………………………… （47）

　　二　目标传导式绩效管理中的激励动机 ……………… （49）

　　三　行为激励理论与应用的评述 ……………………… （56）

第六节　目标传导式绩效管理中的系统论和控制论

　　　　思想 ……………………………………………… （58）

　　一　系统论和控制论的思想内涵 ……………………… （58）

　　二　目标传导式绩效管理中的系统论理念 …………… （59）

　　三　目标传导式绩效管理中的控制论思想 …………… （60）

　　四　目标传导式绩效管理中系统论和控制论思想的

　　　　评述 ……………………………………………… （61）

第三章　目标传导式绩效管理的体系内涵 ……………… （65）

第一节　目标传导式绩效管理的设计理念 ……………… （65）

　　一　对我国绩效管理理论与现状的反思 ……………… （65）

　　二　目标传导式绩效管理理论的实践创新 …………… （67）

　　三　目标传导式绩效管理的理念及愿景 ……………… （70）

第二节 目标传导式绩效管理概述 ……………………（72）

    一 目标传导式绩效管理的概念 ……………………（72）

    二 目标传导式绩效管理的基本特征 ………………（73）

    三 目标传导式绩效管理与传统绩效管理的区别

       与联系 ………………………………………………（76）

第三节 目标传导式绩效管理的设计与实施 ……………（80）

    一 目标管理体系的设计与实施 ……………………（81）

    二 绩效评价体系的设计与实施 ……………………（88）

    三 薪酬激励体系的设计与实施 ……………………（95）

    四 员工成长体系的设计与实施 ……………………（101）

    五 绩效管理一体化平台的设计与实施 ……………（108）

第四节 目标传导式绩效管理运行机制 …………………（111）

    一 目标传导式绩效管理实施的必要条件 …………（111）

    二 目标传导式绩效管理的核心内涵 ………………（114）

    三 “四体系、一平台”的协同作用 …………………（115）

    四 目标传导式绩效管理的运行保障 ………………（117）

第四章 目标传导式绩效管理实施保障 …………………（120）

第一节 文化保障 …………………………………………（121）

    一 文化保障的内涵 …………………………………（121）

    二 文化保障的重要性 ………………………………（123）

    三 文化保障的建立 …………………………………（125）

    四 案例：神宁集团的文化保障措施 ………………（127）

第二节 组织保障 …………………………………………（128）

    一 组织保障的内涵 …………………………………（128）

    二 组织保障的重要性 ………………………………（130）

    三 组织保障的建立 …………………………………（132）

    四 案例：神宁集团的组织保障措施 ………………（134）

第三节　人员保障 ……………………………………… （136）
　　一　人员保障的内涵 ………………………………… （136）
　　二　人员保障的重要性 ……………………………… （137）
　　三　人员保障的建立 ………………………………… （139）
　　四　案例:神宁集团的人员保障措施 ……………… （140）

第四节　制度保障 ……………………………………… （144）
　　一　制度保障的内涵 ………………………………… （144）
　　二　制度保障的重要性 ……………………………… （146）
　　三　制度保障的建立 ………………………………… （147）
　　四　案例:神宁集团的制度保障措施 ……………… （150）

第五节　技术保障 ……………………………………… （157）
　　一　技术保障的内涵 ………………………………… （157）
　　二　技术保障的重要性 ……………………………… （159）
　　三　技术保障的建立 ………………………………… （162）
　　四　案例:神宁集团的技术保障措施 ……………… （165）

第六节　流程保障 ……………………………………… （174）
　　一　流程保障的内涵 ………………………………… （174）
　　二　流程保障的重要性 ……………………………… （175）
　　三　流程保障的建立 ………………………………… （177）
　　四　案例:神宁集团的流程保障措施 ……………… （179）

第五章　目标传导式绩效管理实施效果评价 …………… （186）
第一节　管理水平测度 ………………………………… （186）
　　一　测度量表 ………………………………………… （187）
　　二　计算方法 ………………………………………… （187）
　　三　量表调查 ………………………………………… （188）
　　四　评价结果 ………………………………………… （189）
第二节　管理效益分析 ………………………………… （189）

  一 管理效益的特征事实 ·························（190）

  二 管理效益的测算 ···························（192）

 第三节 经济效益分析 ·····························（199）

  一 经济效益的特征事实 ·····················（199）

  二 经济效益测算 ···························（201）

 第四节 环境效益分析 ·····························（206）

  一 环境效益的特征事实 ·····················（206）

  二 环境效益测算 ···························（208）

第六章 理论总结与理论创新 ·····················（210）

 第一节 理论总结 ·····························（213）

  一 目标传导式绩效管理对目标管理理论的

   补充和完善 ···························（213）

  二 目标传导式绩效管理对绩效管理理论的

   补充和完善 ···························（216）

  三 目标传导式绩效管理对行为激励理论的

   补充和完善 ···························（218）

  四 以信息化为载体的管理理论创新 ···········（219）

 第二节 理论创新 ·····························（221）

  一 对绩效管理基础理论体系的创新 ···········（222）

  二 对绩效管理框架和流程的创新 ·············（222）

  三 对绩效管理模型和方法的创新 ·············（223）

 第三节 研究总结与展望 ·······················（224）

参考文献 ·······································（227）

附表 管理水平测度量表 ·······················（236）

第一章 绪 论

第一节 研究背景及意义

一 研究背景

从经济市场来看，面对着市场全球化与企业国际化趋势的不断加速，未来我国企业将不得不持续、全面提升管理水平，不断降低成本水平、改进产品质量，从而保持与提高企业在全球经济一体化环境下的市场竞争力。在这一持续的过程中，企业不仅需要加强生产、营销、研发等各个方面的管理，而且要面对传统竞争优势基础在信息社会中不易保持的问题。同时，观察国内的许多大型企业，目前都不可避免地存在着管理粗放、精细化程度不够、管理水平和工作效率较低、竞争力较弱的问题，亟须导入更为有效的管理模式。鉴于当下存在的普遍问题，只有将企业的技术、过程、系统等管理因素紧密地与人力资源管理相结合，立足信息时代的优势和便捷，转变自身的工作模式和思维，通过员工的成长与潜力的发掘，实现人力资本的最优化运用，才能持续形成独特竞争优势的源动力，为企业保持并提高在国际市场上的竞争力提供有力的保证。

从国家政策来看，我国的"十三五"规划中提出了创新、协调、绿色、开放、共享的发展理念。其中，重点强调了创新是引领发展的第一动力，必须把创新摆在国家发展全局的核心位置，不断推进理论创新、制度创新、科技创新、文化创新等各方面创新，让创新在全社会蔚然成风。而管理创新具有协同各类创新的功能。同时，钱学森在开放的复杂巨系统理论中强调了知识、技术和信息化的作用，陈述了知识社会环境下的创新体系是由以科学研究为先导的知识创新、以标准化为轴心的技术创新和以信息化为载体的管理创新三大体系构成，三个体系相互渗透，互为支撑，互为动力，推动着科学研究、技术研发、管理与制度创新的新形态。经济新常态需要新动力，企业发展的新动力要靠创新甚至改革来激活。

习近平总书记对《中共中央关于全面深化改革若干重大问题的决定》作说明时指出："国有企业是推进国家现代化、保障人民共同利益的重要力量。经过多年改革，国有企业总体上已经同市场经济相融合。同时，国有企业也积累了一些问题、存在一些弊端，需要进一步推进改革。"在党的十八届三中全会上，中央对新一轮国有企业改革的全面展开作出了战略部署，改革已进入深水区和攻坚期。反观我国国有企业，现有的管理制度在很大程度上都是移植过来的，对企业管理理论与实践而言，也只是刚刚起步，还没有形成自己的、能够与国有企业快速发展相匹配的管理体系。目前，我国在国有企业的管理中已经从形式上打破了原来实行的行政管理体制，人作为一项重要的战略资源的思想得到了越来越多的认同，人力资源管理的作用也已被提升到企业战略的高度。作为中国经济命脉决定性支柱的大型国有企业，正在进行着包括人力资源管理方面在内的各个管理系统的不同层面的变革，以适应整个社会不断向前发展的需要。此时更需要有一个具有指导性与操作性并存的理论经验来为改革创新提供助力。

从信息技术应用来看，伴随信息时代的到来，管理信息系统与企业的结合已走过了相当长的路程，应用计算机信息技术改变企业的管理模式、实现资源的整合、提高工作与管理效率已成为共识，充分地抓住信息时代的优势和便捷，无疑有利于进一步增强企业的发展活力，信息技术与管理实践的结合不容忽视。但是随着企业规模的扩大，企业管理信息系统的管理效能呈现下降趋势，技术的创新应与管理模式齐头并进，管理理念的丰富，让管理信息系统在实现简单的资源整合、信息共享等问题之外，与人力资源的管理有更深入的交流，考虑到利用信息技术的精确性与时效性，结合人力资源管理中对及时考核及反馈的要求，信息技术对企业管理的帮助应有更大的潜力。

依据战略管理中的 PEST 分析法，我们分别从经济环境、政治环境、技术环境三个方面分析了本研究对企业的经营管理产生的影响与要求。具体至企业行为，企业应当创新与实施以信息化为载体的管理方法，充分认识人力资本的重要作用，建立企业战略与人力资源互为促进的桥梁，借助信息技术的进步，进而既形成具有全面创新推动力的管理创新，又形成具有保障企业持续发展功能的管理方法。在企业管理研究中，绩效管理这一重要的管理制度与方法，通常被认为是连接企业战略与人力资源的管理工具，同时，又是保障企业战略落地与运营控制的有效抓手。因此，如何依据系统的科学理论创新，构建有效、完整的企业绩效管理系统，是提升企业国际市场竞争力，形成竞争优势，促进创新，实现价值创造最大化与创新保障的关键之举。

二　研究意义

随着我国综合实力和技术水平的提高，我国大型国有企业逐渐进入世界舞台。那么，对于大型项目群的设计、施工、运营、后期维护等环节都需要企业尽可能地节约成本、增加收益、提高运营效率，而保证这些环节的顺利实施，对管理水平和管理理论都提出了新的挑战，原有的管理理论将面临滞后、与实际不符的问题，亟须更新完善，针对典型的大型项目则更需投入关注，考察其具体的运行方法与实践过程，吸取教训、总结经验、借鉴长处、规避漏洞，及时将有效的管理方法变成可供参考借鉴的知识体系的一部分，为丰富理论文献、传递最佳实践提供保障，为后续的企业运行、项目建设等提供经验参考，为管理的实际应用提供操作性强的指导方案。

源于20世纪70年代美国的绩效管理，以其缜密的体系、优美的流程以及持续改进的良性循环吸引了无数国内管理者的眼球。然而，这剂灵丹妙药不仅没有根治中国企业人力资源管理中的疑难杂症，相反却被国人定下了种种罪状。一些尝试过绩效管理的企业认为，绩效管理犹如鸡肋，既费时费力，又不得人心。虽然近几十年的改革开放过程中，我国的绩效管理理论与实践都取得了跨越式的发展。但是不得不承认，目前我国很多企业的绩效管理实践中，依然存在一些长期未能得到解决的棘手问题，例如，绩效管理的设定与企业战略、企业目标和企业文化脱节。再如，绩效管理盲目追求对单个部门或个人的量化指标的考核，而忽视了各个工作部门之间绩效的协同关系。因为单个部门的绩效不仅与自己的工作水平和技能有关，还和其他部门的表现紧密相关。另外，现有绩效管理通常都是上级对下级的单向考核过程，考核结束后对上下级之间的沟通反馈环节缺失。这也失去了下级部门和员工通过绩效管理提升自己的机会。此外，绩效考核管理过程中的信息不透明，也使得员工参与感低，绩效管理中员工与管理层之间存在隔阂，低效率的沟通、反馈，公平感低的考评过程，使得绩效管理成效大打折扣，甚至适得其反。

针对传统绩效管理在实际应用中的不足，目标传导式绩效管理将"全指标量化、全员性参与、全要素集成、全过程控制、全天候评价、全方位激励"作为设计理念。其中，"全指标量化"指的是最大程度地实现绩效考评过程的定量化；"全员性参与"指的是最大程度地促进全体员工参与到绩效管理的过程中，满足全体员工的知情权、参与感、对组织的贡献感及依附感；"全要素集成"指的是通过绩效管理系统集成与绩效管理相关的所有要素，从而最大化绩效管理的客观性、系统性，实现绩效管理价值的最大化；"全过程控制"指的是对绩效管理过程进行全过程的监督，及时了解绩效管理系统的运行状况，从而做到对绩效管理运行的全过程控制；"全天候评价"即对工作实施的过程和成果，以及工作绩效进行全天候的评价，从而能及时掌握工作状况及进度，实现对工作实施过程的及时纠偏及资源支持；"全方位激励"即通过相关举措实现对人员和组织的激励，充分调动人员及组织的主动性和潜力，最大程度地发挥出人的效用。通过对目标传导式绩效管理理念的贯彻，期望企业在目标传导式绩效管理实践的过程中能实现"人人有职责、事事有程序、干事有标准、过程有痕迹、绩效有考核、改进有保障"的愿景。

本研究作为神华宁夏煤业集团煤制油化工基地运营与建设执行环节的理论提炼，通过实践总结出目标传导式绩效管理理论及指标体系，具有如下理论意义和实践意义：

1. 为企业绩效管理提供理论创新

当前国内外研究企业绩效管理理论主要集中在心理学和组织行为学方面，从实证的角度对企业绩效管理与其他因素的关联性进行分析；现有的主要研究方法和手段都是从理论出发，再到实践中寻找支持。与此相反，本研究建立在具体的已实施项目基础上，是从实践出发，在不断试错与实践当中提炼理论，具有鲜明的直接经验特征。本研究体现的是从实践向理论推广的更合理的方法，最终的结论经过了实践的检验与结果的印证，是宝贵的经验总结与理论提炼，因此具有重要的理论和实践价值。

2. 为我国大型国有企业绩效管理提供指导

中华人民共和国成立初期，为改变传统社会涣散无力的状态，解决中华民族的"总体性危机"，国有企业承担了"社会重建"及实现工业化等多重使命。通过"三大改造"、"一五"计划时期大规模投资等方式，我国迅速建立了一定数量和一定门类的国有企业。自此，国有企业和国企工人成为我国现代化建设的核心力量，并在各个领域发挥着至关重要的作用。针对大型国企的研究既是经济发展的必要，也是理论总结的诉求。目前对于企业绩效管理理论的研究虽然较多，但大部分都是针对西方环境下的企业管理，针对我国国情的大型国有企业管理的理论研究还非常匮乏，大型国有企业看似处在有丰富理论支持的环境中，实际却缺乏真正有效而可靠的指导，面对具体的问题、此前所未经历过的大型项目，往往需要投入大量的人力物力，研究探索可靠的具体实施方法及操作路径，实际中不得不面对各种预料之外的情况导致成本的增长、进度的延迟、资源的浪费等问题，本研究将为我国国有大型企业的绩效管理理论的完善与提升提供更为切合实际且有效的理论支撑和实践指导。

3. 在企业绩效管理实践运用中提供执行操作方案

管理理论存在的意义就在于能有效地指导实践，企业绩效管理理论同样如此。本研究的重要实践意义在于，本绩效管理理论与指标体系已经从小规模逐渐推广到大规模项目当中，将现在大型企业面临的项目规模越来越大、结构越来越复杂、质量及技术要求越来越高、行业竞争越来越激烈、对项目群的管理水平要求越来越高的问题考虑在内，直面当下的理论薄弱点与实际需求点，为大型企业的管理提供有效的理论支持和具体指导。具体而言，神宁集团所在的煤化工行业，大部分企业仍按煤炭企业传统模式管理，内部管理比较粗放，精细化程度不够，管理水平和工作效率较低，竞争力较弱。另外，企业人才激励机制也不够健全，在收入分配方面过多强调内部平衡、分配调剂、员工队伍稳定，没有按细分类别建立更加科学有效的分配激励机制，造成人才队伍思想不稳定，攀比心理严重，人才流失率逐年升高。考虑到内部管理的不完善，要实现当前企业在新的严峻形势下，持续稳步发展的目标，关键要靠管理，核心即在如何激发和调动人力因素。作为一种非常重要的管理手段和方法，绩效管理开始被各个企业重视，并广泛研究利用，但在实施的过程中千差万别，有的企业通过实施绩效管理取得了巨大成功，也有一些企业虽然推行了绩效管理机制，但是并没有取得明显效果，甚至出现了员工队伍更加涣散、企业效益更加恶化的现象。随着本研究在企业中的实施，在该理论的应用过程中，各种问题和弊端已经逐步显现和修复，目标传导式绩效管理在实践中经过了改进和完善，使之具有较为可靠的推广示范性。

第二节　研究思路

本课题的研究目的在于吸收和借鉴国内外企业绩效管理研究的先进理论、框架和方法，基于当前企业绩效管理研究与实施不完整，且缺乏系统理论支持的普遍现状，通过对绩效管理理论及其实施运行进行系统、全面、深入的研究与剖析，结合企业实际经营运行中遇到的问题，从规范和实证研究两个层面对企业绩效管理进行研究与实施，力争建立适合我国企业的绩效管理体系并实践论证效果。本项目的研究思路与框架如图1-1所示。

首先，本书从研究的经济、政治、技术环境等背景入手，探究研究的必要性及意义，先分析了解研究的实际应用现状，再一一剖析目标传导式绩效管理所包含的战略管理理论、绩效管理理论、行为激励理论、系统论和控制论等理论方面的思想基础，进而从理论出发，进行文献检索，通过广泛调查研究，客观准确分析，大量查阅资料，得出初步的目标传导式绩效管理的指标体系，建立目标传导式绩效管理的基本模型。其次，研究目标传导式绩效

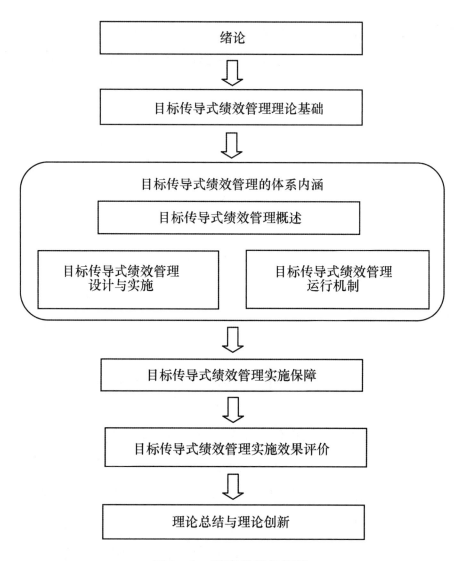

图1-1　研究思路与框架

管理的体系内涵，分析目标传导式绩效管理设计与实施的具体过程，将该管理方法的核心——"四体系、一平台"设计中的要点与流程列示出来，指出实施过程中的必要文化、组织、制度、流程支持，人员、技术保障，使其更具可操作性和推广性。再次，根据目标传导式绩效管理的过程，设计了相应的评价模型，结合实际案例应用模型进行评价，验证管理模式效果及评价模型的可靠性。最后，对研究成果的理论价值和创新贡献进行总结。

第三节　相关研究文献综述

一　绩效管理理论国外研究现状

绩效管理在国外有着悠久的历史。早期，国外对绩效管理的研究包括 Harrington Emerson 提出的"12 条效率原则"，这些原则在政府和企业管理中得以推广。而当前，国内外广泛应用的实践主要有三种：一是目标管理理论，其中除了简单的目标逐级分解体系以外，又加入了 PDCA 循环系统，这种绩效管理的方法操作简单，应用广泛。二是关键业绩指标法（KPI），KPI 是衡量企业战略的关键指标，其目的是建立一种机制，将企业战略转化为内部过程和获得，以不断增强企业的核心竞争力和持续地获取高效益，使得绩效考核系统不仅成为激励约束手段，而且成为战略实施工具。三是平衡计分法（Balanced Scorecard，BSC，又称平衡计分卡），主要通过财务与非财务考核手段之间的互补，使得绩效考核上升到组织的战略层面。同时也在定量评价与定性评价之间、客观评价与主观评价之间寻求平衡。

最具代表性的是平衡计分法（BSC）。该方法的最终目标和核心思想是通过员工对企业创造价值的多少进行绩效评价。美国哈佛大学商学院教授 Robert S. Kaplan 和 David P. Norton 于 1990 年推出了该衡量方法，他们的成果刊登在 1992 年和 1993 年的《哈佛商业评论》上，并于 1996 年出版了《平衡计分卡》专著。平衡计分卡将企业的战略放在核心位置，然后将战略转化为具体的、可评测的目标和指标，并且在传统的财务指标的基础上新增加了客户、内部业务流程、学习和成长三个方面的非财务指标，对业绩评价系统进行了创新和发展。他们认为财务业绩衡量法主要是对过去情况的说明，无法说明潜力。他们提出的平衡计分法包括：第一，公司应该评价是否达到顾客的要求；第二，公司应该检查内部业务流程有没有改进，质量和效率的目标有没有达到；第三，公司必须衡量组织的学习能力和发展能力。

Bates Holton（1995）在文章中指出企业绩效是一个多维建构，如果观察和测量的角度不同，其结果也会不同。张美华（2010）在文章中指出：在组织绩效研究过程中，关键要指明何为企业绩效。对于企业绩效的理解现在有如下观点。

第一，企业绩效是企业工作的成果。该观点认为企业绩效是企业的工作成果，相关概念包括职责、责任、绩效、指针、任务、目标等。Bernardin（1995）认为企业绩效应该定义为工作的结果，而这些结果与组织的战略目标、顾客满意度和所投入的资金的关系最为密切。Osborne 和 Flynn（1997）提出了绩效管理的4E标准——"节约、效率、效果、公平"。节约，表示投入成本的最小化程度；效率，表示在既定投入水平下产出水平的最大化；效果，表示产出结果的影响程度；公平，表示接受服务的团体或者个人是否受到了公平的待遇。

第二，绩效是工作的行为。行为理论认为绩效是一种行为。Bateman（1983）提出了组织公民行为理论，认为组织公民行为是一种有利于组织的角色外行为和姿态，能从整体上有效地提高组织绩效的行为。而绩效的行为既不是正式角色所强调的，也不是劳动报酬合同所引出的，而是由一系列非正式的合作行为构成的。Murphy（1991）指出，企业绩效是一个人工作的单位或者组织目标相关的一组行为。Cardy 和 Dobbins（1994）等学者在文章中提出，企业绩效是员工可以控制的与组织目标相关的行为，绩效还应该和结果区分开，因为绩效结果会受到系统因素的影响。

第三，绩效是行为和结果的综合体。Brumbrach（1998）在文章中提到绩效指组织的行为和结果的综合体。如果对企业绩效进行衡量的时候，既要考虑行为，也要考虑结果。Coleman 和 Borman

（2000）提出了三维结构模型（OCB、POB 和 CP），把行为绩效分为个人支持、组织支持和富有责任感的主动性三个维度。杨杰、方俐洛和凌文铨（2001）认为绩效是"某个个体或者组织在某个时间范围内以某种方式实行的某种结构"，绩效是时间、方式和结果的结合体。

由于对企业绩效的界定存在不一致的结论，因此不同的学者使用的绩效指标也不同。Katz Kahn（1978）提出三维分类法后，才逐渐有学者开始对企业绩效结构问题进行深入的研究。Capon、Farley 和 Hoening（1990）综述了 1921 年至 1987 年的 320 篇实证研究论文后，发现绩效衡量相当一致地选择采用单一指标。Murphy G. B.、Trailer J. W.、Hill R. C.（1996）选出 51 篇 1987 年至 1993 年间有关绩效研究的文献，对企业绩效衡量维度进行统计分析，发现 19% 的文献使用的是单一衡量维度，而 71% 的文献使用了 204 个衡量维度。Kaplan Norton（1996）、Venkatraman Ramanujam（1986）、Lumpkin Dess（1997）提出应该用多重衡量维度及多重衡量指标对企业绩效进行衡量。除了以上研究，美国纽约 Stern Stewart 咨询公司 1991 年创建了 EVA 指标，其中 EVA 是指企业资本收益与资本成本之间的差值，其核心思想是资本获得的收益至少要能补偿投资者承担的风险。

二 绩效管理理论国内研究现状

国内对绩效管理的研究起步较晚，很长一段时间都是将国外的绩效管理理论引入国内并吸收应用于企业的管理过程中。彭剑锋对我国企业的绩效管理和评价历史发展状况进行了分析和研究，认为我国的绩效管理理论主要经历了四个阶段：一是强调奖惩调剂阶段。这个阶段体现了平均主义思想。二是主观绩效评价阶段。这个阶段的特征是绩效考核以打分为主。三是综合评价阶段。这个阶段对德能勤绩进行评价。四是指标量化绩效考核阶段。

目前国内对绩效管理理论的研究主要分为以下方面：

第一，将国外的成熟绩效管理理论进行推广，包括杜邦分析法、平衡计分法、EVA 评价法等。罗晓林（2002）、杨成炎（2006）将 EVA 和平衡计分法两种方法进行了整合，构建了一种新式的平衡计分体系，发挥两者的协同功效。赵全超等（2004），以平衡计分法为基础，建立了企业绩效综合评价体系，并且使用 BP 神经网络模型评价方法对其进行评价。BP 神经网络模型评价方法，可以充分利用样本指标的有关信息，揭示企业综合绩效及其相关影响因素之间的内在作用机理。乔均等（2007）对平衡计分法做了实践检验，修正了其评价模型，对该方法在中国的应用推广提出了建议。唐和俭（2013）分别对 BSC 和 KPI 的优点与缺点进行分析，并且提出了战略绩效考核指标体系的定义。李朝晖与白刚（2008）研究了企业常用的三种绩效考核指标：财务指标、过程指标、管理指标。上述研究均认为在国有企业改革的过程中更应该注意和重视绩效管理。

第二，从心理学和组织行为学的角度对企业绩效管理进行研究。例如，张建卫和刘玉新（2009）从发展心理学的角度，深入研究了个体绩效管理和员工自身发展之间的关系。胡祖光和张鹏（2007）从组织公平的角度分析了员工绩效管理过程中指标对员工行为表现的影响。黄岳钧（2007）研究了绩效管理中的员工心理问题，其研究结果显示，如果员工的心理问题不及时进行解决，会对绩效管理产生负面影响。刘耀中（2007）通过对企业的员工进行访谈和开放式问卷调查的方式，指出对员工的激励、员工的参与、与员工的有效沟通、科学考核等因素是影响企业成功实施绩效管理的关键行为。

与以上国内外研究所不同的是，本研究提出的目标传导式绩效管理理论，不仅包括财务指标，还包括大量非财务指标。因为本绩效管理理论不仅针对运营和营销部门的管理，还包括对企业内部行政部门、工会、后勤部门等非营利性组织和个人的绩效管理。因此，本项目研究的绩效理论体系是一个多维度、综合的、系统的绩效评价体系。另外，本研究是先实践再提炼理论，通过在实践中进行检验并修正理论的过程，其研究方法具有独特性。

三 多目标决策方法的国内外研究现状

在工程技术、运营管理部门的决策问题中，如果目标函数有多个，我们称之为多目标的最优化问题，简称多目标规划问题（Multi-objective Programming Problem）或者多目标决策问题。多目标规划问题通常认为是法国经济学家 V. Pareto 在 1906 年的论文中提出的。1968 年，Z. Johnsen 总结了对多目标决策模型的研究解法。从此多目标规划问题以学科的方式开始发展。

1951 年，Koopmans 研究了生产与分配活动中的多目标优化问题，并第一次使用 Pareto 有效解的概念，从而刻画了偏序而非全序关系下解的概念。1951 年，Kuhn 和 Tucker 研究 Pareto 有效解的特征时，发现 Pareto 有效解的集合可能非常大。因此，他们提出了真有效解的概念（Kuhn-Tucker 真有效解）。随后 Geoffrion 定义了另一种有效解，称之为 Geoffrion 真有效解。这种有效解不需要目标函数和约束函数的可微性。

在求解多目标规划问题的方法方面，可以从决策者提供信息的角度分为三类：事先评价法、事中评价法和事后评价法。

事先评价法需要决策者在求解多目标规划问题之前，一次性提供全部偏好信息。这种方法主要有评价函数法和目标规划法。评价函数就是决策者事先给出关于多个目标的评价函数，从而将多目标规划问题转化成单目标规划问题。最典型的评价函数法有线性加权法、极大极小法和理想点法。此类方法可以参考胡毓达

（1990）和宣家骥（1993）的研究。

事中评价法的特点是，在求解多目标规划问题的过程中，决策人通过不断对解进行更正，从而获得偏好信息。这方面的研究起始于 Benayoun（1971）的第一个交互规划算法，如今这方面的研究已经有较快的发展。

事后评价法的特点是，寻求多目标决策问题的所有或者大多数解，然后把这些解交给决策人，由他从其中选择一个最合意的解。其主要的方法有变权线性加权法（Zadeh，1963）、Epsilon – 约束法（Changkong and Haimes，1983）、多目标线性规划法（林锉云和董加礼，1992）、同伦法（Rakowska、Haftka and Watson，1991）、广义同伦法（Hillermeier，2001）与边界垂直相交法（Das Dennis，1996）。

第四节　研究创新点及主要内容

一　研究创新点

本书在研究企业绩效管理的过程中，基本以演绎的方法对企业绩效管理进行理论挖掘和实施研究，以系统科学的理论方法研究企业绩效的运行规律与机制，将其放在我国企业管理水平持续提升的要求这一应用背景中，研究绩效管理对企业战略完成保障的创新作用。与普遍应用的企业绩效管理研究成果相比，本书将企业绩效管理视为一个完整的、循环的、多层级的系统，对企业绩效管理的运行机制和保障要素进行了较深地分析，分别从基本目标、支撑理论、运行机制、运作模式和实践应用等多个角度进行创新性研究。与已有的相关研究成果比较，本研究的主要创新点包括：

第一，本研究提出了目标传导式绩效管理（GCP 管理）概念与内涵，即以企业持续发展与员工成长为最终目的，以全员参与的目标管理和绩效循环为过程，以全方位的激励应用为保障，以信息化平台为载体，包含了目标管理体系、绩效评价体系、薪酬激励体系、员工成长体系的具有系统性、完整性的目标传导式绩效管理。GCP管理通过"全指标量化、全员性参与、全要素集成、全过程控制、全天候评价、全方位激励"的方式，将战略绩效、组织绩效和全员绩效紧密结合，最终实现精细管理和价值管理为一体的高标准、高效率、高效益的效能可控、和谐共赢的卓越企业目标。

第二，本研究在现有理论基础上，探索构建了完整的目标传导式绩效管理基础理论体系，即由系统论、控制论作为一般性理论基础；由战略管理理论、目标管理理论、过程型激励理论与内容型激励理论、职业生涯发展理论为主体基础理论框架；由博弈论、权变管理理论、制度经济学、信息经济学、计量经济学、社会比较论等为辅助理论，共同构建基础理论体系。补充和完善了目标管理理论、绩效管理理论、行为激励理论，并对以信息化为载体的管理理论作出了一定贡献。

第三，本研究构建了一套目标传导式绩效管理数学模型，例如部门绩效调节系数模型采用了优序图法、对偶分析法、层次分析法进行设计实施，以尝试减弱目标设置与满意感两者之间的负相关函数；在管理、经济、环境效益的测算中，运用二阶段DEA测评方法来进行具体测算，该测评方法较好地反映了目标传导式绩效管理带给企业的效益提升。通过科学的计算模型与方法辅助保证目标传导式绩效管理模式的设计实施、顺利运行。

第四，本研究通过系统集成、网络协同，构建了全员性参与、全要素整合、全过程跟踪、全指标量化、全天候评价、全方位激励的GCP管理信息化平台，完成了以信息化为载体的管理创新，丰富了信息化技术在管理中的应用经验积累。

第五，本研究通过企业实践，对目标传导式绩效管理进行了实证分析研究，研究结果更具说服力和推广性。

本书的创新点如图 1-2 所示。

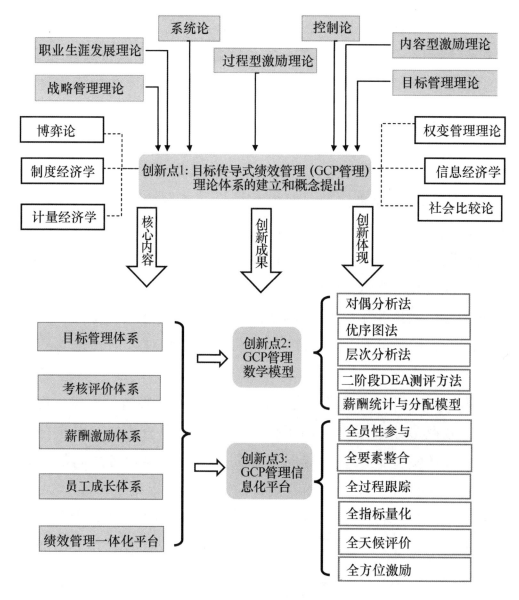

图 1-2 创新点联系图

二　主要内容

第一章阐述了本研究的背景、意义以及具体的项目背景情况，介绍了研究思路以及国内外相关研究现状，指出了本研究的创新点。

第二章提出了本研究的理论基础。首先对战略管理及目标管理的内涵进行了阐释，又结合神宁集团煤制油化工基地的战略管理及目标管理的特色和实施路径具体分析，点出其中的优劣势；着重讨论目标传导式绩效管理理论和绩效评价方法，将绩效管理体系的主要流程与 PDCA 循环结合起来，阐释了 PDCA 循环绩效管理体系的具体架构；对目标传导式绩效管理中的行为激励理论作了详细说明，包括行为激励理论的思想内涵、目标传导式绩效管理中的激励动机等；指出了目标传导式绩效管理中蕴含的系统论和控制论思想。这些理论和方法构成了本研究的理论基础。

第三章着重介绍了目标传导式绩效管理的体系内涵。通过对我国绩效管理现状中存在的不足进行反思，进而分析神宁集团煤制油化工板块绩效管理的实践创新，得出目标传导式绩效管理的设计理念；随后对目标传导式绩效管理从各个方面作出分析介绍，并通过与传统绩效管理对比，发现二者的联系和区别，从而更突显出目标传导式绩效管理的系统性、实践性、动态实时性的特征；紧接着描述了目标传导式绩效管理的具体设计与实施过程，具体到目标管理体系、考核评价体系、薪酬激励体系、员工成长体系与绩效管理一体化平台的"四体系、一平台"的全方面指导；最后点出了"四体系、一平台"之间的协同作用，总结了目标传导式绩效管理的核心内涵，也即目标传导，简要概括了实施该管理方法所需的支持条件和运行该管理方法的必要保障。对目标传导式绩效管理进行了较为透彻的剖析，为其具体实施提供了较为详细且全面的参考与指导。

第四章更为透彻地分析了目标传导式绩效管理实施运行所需的保障。从文化、组织、人员、制度、技术、流程六个方面一一阐述各方面保障的内涵、重要性及如何建立保障，辅以神宁集团在各部门的具体案例作具体说明，进一步丰富完善了目标传导式绩效管理的理论支持与操作指导。

第五章涉及管理方法的实施效果评价。介绍了对于管理水平的测度角度、具体指标的计算方法、量表调查的具体操作以及评价效果的解读；另外对管理效益、经济效益、环境效益包含的特征事实以及测算过程进行了具体分析。为目标传导式绩效管理的实施效果提供了有力的说明，并为后续的操作应用提供了评价模块的指导。

第六章总结了目标传导式绩效管理的理论贡献与创新。将该理论对于目标管理理论、绩效管理理论、行为激励理论的补充与完善，和其借助信息化平台的理论创新作了具体阐释，尤其强调了该理论对于绩效管理理论体系、框架流程、模型方法的创新贡献，最后是对该研究的全面总结与展望。

第二章　研究理论基础

第一节　目标传导式绩效管理的理论框架

绩效管理不仅是一个衡量系统，更是员工与企业目标相连接的企业战略落地的载体与媒介，也是企业战略目标实现与员工职业生涯成长互利共赢最终实现的工具。

传统绩效管理概念及实践均不能发挥保障企业战略实现与持续发展的重要作用。目标传导式绩效（简称 GCP）管理是以企业战略为引领，目标管理为导向，组织和员工绩效评价与改进为内容，薪酬激励为手段，绩效管理一体化平台为载体，企业发展和员工成长为目的的绩效管理工具；它通过"全指标量化、全员性参与、全要素集成、全过程控制、全天候评价、全方位激励"的方式，将战略绩效、组织绩效和全员绩效紧密结合，最终实现精细管理和价值管理为一体的高标准、高效率、高效益的效能可控、和谐共赢的卓越企业目标。

根据对目标传导式绩效内涵的界定，其研究理论基础涵盖战略管理、目标管理、绩效管理和绩效评价、激励理论以及组织领导、决策理论、系统论、控制论等多个方面，其理论基础框架如图 2-1 所示。

各个理论对目标传导式绩效管理在不同环节发挥着不同的指导作用，各理论的基本思想和指导作用如表 2-1 所示。

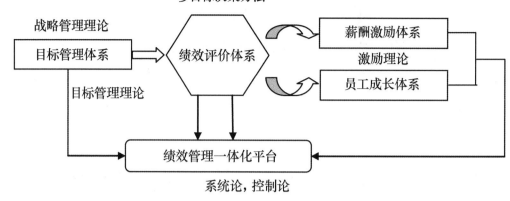

图 2-1 目标传导式绩效管理的理论框架

表 2-1 目标传导式绩效管理的理论体系

理论名称	主要思想	对 GCP 管理设计的指导
战略管理理论	安索夫："战略应是一个有控制、有意识的正式计划过程，通过目标、项目和预算的分解来实施所制订的战略计划等等"	立足于实际，着眼于长远，从战略角度指导企业目标的设计
目标管理理论	德鲁克："组织群体共同参与指定具体的可行的能够客观衡量的目标"	为 GCP 管理中企业目标和员工指标确定提供指导思想
激励理论	激励理论是关于如何满足人的各种需要、调动人的积极性的原则和方法的概括总结	通过特定的方法与管理体系，将员工对组织的工作承诺最大化，是组织和员工业绩评价的重要依据
绩效管理理论	各级管理者和员工为了达到组织目标共同参与的绩效计划制定、绩效辅导沟通、绩效考核评价、绩效结果应用、绩效目标提升的持续循环过程	通过促进组织和个人绩效的提升，优化管理流程和业务流程，进而保证组织战略目标的实现
多目标决策理论	多目标决策是具有两个以上的决策目标，并且需用多种标准来评价和优选方案的决策	解决 GCP 管理中的多目标决策问题和多指标评价问题
系统论	贝塔朗菲："任何系统都是一个有机的整体，系统的整体功能是各要素在孤立状态下所没有的性质"	揭示在目标传导的过程中"四体系、一平台"的相互关联、相互影响、相互作用的规律
控制论	维纳："控制论的目的在于创造一种技术，使我们有效地研究一般的控制和通讯问题"	运用闭环方式指导绩效管理的全过程设计

第二节　战略管理理论与目标管理理论

一　战略管理理论的内涵和演进发展

（一）战略管理理论的内涵

战略一词源于战争，来源于希腊语中的"将军"，是军事术语，其意义是指挥军队的艺术和科学，后来引申为通过对战争双方的分析判断而作出对战争全局的筹划和指导，基于"战略"的全局、谋略等基本意义，战略被引入社会、经济、管理等领域，代表贯穿于一个系统的一定历史时期内所有重大决策中的指导思想，全局性、长期性的目标抉择和达到目标的规划设计。

战略管理是对一个企业或组织在一定时期的全局的、长远的发展方向、目标、任务和政策以及资源调配作出的决策和管理艺术。

关于企业战略比较全面的看法，即著名的 5P 模型。从企业未来发展的角度分析，战略表现为一种计划（Plan）；从企业过去发展历程的角度看，战略则表现为一种模式（Pattern）；从产业层次看，战略表现为一种定位（Position）；从企业层次看，战略则表现为一种观念（Perspective）；战略还表现为企业在竞争中采用的一种计谋（Ploy）。

战略管理遵循的基本原则：

一是适应环境原则：来自环境的影响力在很大程度上会影响企业的经营目标和发展方向。战略的制定要注重企业与其所处的外部环境的互动性。

二是全程管理原则：战略是一个过程，包括战略的制定、实施、控制与评价。在这个过程中，各个阶段互为支持、互为补充，忽略其中任何一个阶段，企业战略管理都不可能成功。

三是整体最优原则：战略管理要将企业视为一个整体来处理，

强调整体最优，而不是局部最优。战略管理不强调企业某一个局部或部门的重要性，而是通过制定企业的宗旨、目标来协调各单位、各部门的活动，使他们形成合力。

四是全员参与原则：由于战略管理是全局性的，并且有一个制定、实施、控制和修订的全过程，所以战略管理绝不仅仅是企业领导和战略管理部门的事，在战略管理的全过程中，企业全体员工都要参与。

五是反馈修正原则：战略管理涉及的时间跨度较大，一般在五年以上。战略的实施过程通常分为多个阶段，因此要分步骤地实施整体战略。在战略实施过程中，环境因素可能会发生变化，此时，企业只有不断地跟踪反馈方能保证战略的适应性。

（二）战略管理理论的演进发展

战略管理理论的产生和发展可以概括为企业环境综合范式分析阶段、以环境适应范式为中心的分析阶段、多种范式并存阶段。

1. 企业环境综合分析范式

20 世纪 60 年代欧美国家企业出现的最大变化是由卖方市场逐渐变为买方市场，国际市场逐步开放，关税壁垒逐步打破，大多数大企业以并购方式采取多元化经营。在这种情况下，企业不满足于年度预算，开始采用运筹学和改进的预测技术进行规划，这就是战略规划学派的兴起。战略规划理论是以未来可以预测为前提或假设的，认为战略是要让企业自身的条件与所遇到的机会相适应。制定战略规划的步骤包括资料的收集与分析、战略制定、战略评估、战略选择与战略实施，早期的战略管理思想具有集成、综合的特征。

2. 以环境适应范式为中心的企业战略管理理论

20 世纪 70—80 年代，企业经济环境变化表现为突发性、科技竞争日益激烈、企业兼并有增无减，同时面对日本和欧洲的挑战，全球性竞争加剧。随着环境变化步伐的加快，人们越来越认识到未来是不可预测的，环境是不确定、不连续的，这就从根本上动摇了战略规划关于未来可以计划、可以预测的思想。这时，以环境变化分析为中心的战略理论便占主导地位。同时，由于环境的复杂性，仅从分析外部环境的变化出发制定战略具有局限性。因此开始出现基于企业内部分析的战略理论（如价值链理论）及基于企业社会关系分析的战略理论（如网络优势理论）。

环境适应范式认为战略决策是一个适应的过程，强调战略的动态变化，认为最适合的战略制定与决策过程依赖于环境波动的程度。这个学派包括：安索夫的企业战略行为是对其环境的适应过程及由此导致的企业内部结构化的过程思想；伊丹敬之的战略的适应性观点，认为战略成功的本质在于战略的适应性，包括环境适应、资源适应与组织适应；奎因的逻辑改良主义，认为战略就是对环境变化的逻辑反应等理论。

3. 多种范式并存阶段

进入20世纪90年代后，由于科技的迅猛发展，全球化步伐的加快，顾客需求的多样化及产品设计周期和产品生命周期的缩短，客观要求企业通过提高自身的能力，全面考虑企业内部要素和企业外部环境要素，以适应不断变化的环境。在这种背景下，基于企业内部分析和企业内外部综合分析的战略理论得到了进一步的发展，包括资源论、钻石模型、平衡计分卡、超强竞争理论、有机战略观等战略理论，可以说是多种范式并存。

（1）资源论。资源论的假设是：企业具有不同的有形和无形的资源，这些资源可转变成独特的能力；资源在企业间是不可流动的且难以复制；这些独特的资源与能力是企业持久竞争优势的源泉。资源论的基本思想是把企业看成是资源的集合体，将目标集中在资源的特性和战略要素市场上，并以此来解释企业的可持续的优势和相互间的差异。

（2）钻石模型。1990年波特提出钻石模型，可以说是关于企业战略理论的综合分析。波特认为生产要素、需求条件、支持产业与相关产业、企业战略、结构与竞争状态等这些元素构成环境要素，企业在其中诞生并学习如何竞争。波特还分析了政府、机会、每个国家的社会政治的历史背景、整个社会的价值观（国家文化）对企业竞争优势的影响，并进一步指出在国家经济中，钻石体系会形成产业集群，其内部的产业之间形成互助关系。波特的钻石理论是对早期企业内外部分析战略理论的完善，不仅为这种理论提供了分析的基本框架，而且丰富了其理论内容。

（3）**平衡计分卡**。平衡计分卡是基于企业绩效评价的战略理论，因而可以将这个理论看作是基于企业内部管理制度的战略理论。由于传统单纯的财务指标评价不能全面反映企业绩效状况，该理论提出用顾客满意度、内部程序（流程）及组织的学习和能力提高三套绩效测评指标来补充财务测评指标。

（4）**超强竞争理论**。在竞争理论方面，理查·达维尼提出超强竞争理论。认为在新的历史时期，企业无法建立不败的竞争优势，每一种优势都有消失的一天。所以企业应当顺应市场竞争的动态发展，积极瓦解自己的优势以及竞争对手的优势，不断创造新的暂时的优势，以一连串短暂的行动积累成持久的优势。

（5）**有机战略观**。进入 21 世纪后，少数学者意识到战略管理理论丛林中绝大多数理论观点的机械性和片面性，以 Moshe 为代表的学者提出了有机战略观。有机战略观将战略看作是一个适应性协调过程，引入了"组织—环境—战略—绩效"（OESP）综合理论模型，展现了战略管理的一个有机模型。有机战略观有三个核心问题：战略的概念、将战略与其他结构联系起来的因果模型、战略管理和选择模型。在战略的概念中，强调战略就是公司目标和行动以及公司内部属性与外部环境在时间和空间上的相互协调一致。

二 目标管理理论的内涵

目标管理由美国著名管理学家德鲁克（Peter F. Drucker）在

《管理实践》一书中首次提出，随后在《管理——任务、责任、实践》一书中对此作了进一步阐述。德鲁克认为，并不是有了工作才有目标，而是有了目标才能确定每个人的工作。所以企业的使命和任务，必须转化为目标，如果一个领域没有目标，这个领域的工作必然被忽视。因此管理者应该通过目标对下级进行管理，当高层管理者确定了组织目标后，必须对其进行有效分解，转变成各部门以及各个人的分目标，管理者根据分目标的完成情况对下级进行考核、评价和奖惩。如果没有方向一致的分目标指示每个人的工作，则企业的规模越大，人员越多，专业分工越细，发生冲突和浪费的可能性就越大。企业每个管理人员和工人的分目标就是企业总目标对他的要求，同时也是员工对企业总目标的贡献。只有完成每一个目标，企业总目标才有完成的希望，而分目标又是各级领导人员对下属人员进行考核的主要依据。德鲁克还认为，目标管理的最大优点在于它能使人们用自我控制的管理来代替受他人支配的管理，激发人们发挥最大的能力把事情做好。

目标管理是以相信人的积极性和能力为基础的，企业各级领导者对下属人员的领导，不是简单地依靠行政命令强迫他们去干，而是运用激励理论，引导职工自己制定工作目标，自主进行自我控制，自觉采取措施完成目标，自动进行自我评价。目标管理通过诱导启发职工自觉地去干，其最大特征是通过激发员工的生产潜能，提高员工的效率来促进企业总体目标的实现。

与传统管理方法相比，目标管理理论的核心表现在以下方面：

1. 权力责任明确

目标管理通过由上而下或自下而上层层制定目标，在企业内部建立起纵横联结的完整的目标体系，把企业中各部门、各类人员都严密地组织在目标体系之中，明确职责、划清关系，使每个员工的工作直接或间接地同企业总目标联系起来，从而使员工看清个人工作目标和企业目标的关系，了解自己的工作价值，激发大家关心企业目标的热情。这样就可以更有效地把全体员工的力量和才能集中起来，提高企业工作成果。

2. 强调职工参与

目标管理非常重视上下级之间的协商、共同讨论和意见交流。通过协商，加深对目标的了解，消除上下级之间的意见分歧，取得上下目标的统一。由于目标管理吸收了企业全体人员参与目标管理实施的全过程，尊重职工的个人意志和愿望，充分发挥职工的自主性，实行自我控制，改变了由上而下摊派工作任务的传统做法，调动了职工的主动性、积极性和创造性。

3. 注重结果

目标管理所追求的目标，就是企业和每个职工在一定时期应该达到的工作成果。目标管理不以行动表现为满足，而以实际成果为目的。工作成果对目标管理来说，既是评定目标完成程度的根据，又是评奖和人事考核的主要依据。因此目标管理又叫成果管理。离开工作成果，就不称其为目标管理。

任务管理法既规定了工作任务，又规定了完成任务的方法，而且任务和方法都有标准化，职工按标准化的要求进行培训，并按标准化的要求进行操作，他们的工作积极性和创造性受到严重的限制；人本管理法又过于强调领导对职工的信任，放手让职工自主去工作，这又难于保证任务的完成。目标管理法将两者综合起来，即组织规定总目标，各部门依据总目标规定部门目标，把部门目标分解落实到人，至于如何达到目标则放手让工作人员自己做主。这样，既能保证完成组织的任务，又能充分发挥职工的主动性、积极性，因而目标管理法与任务管理法和行为管理法相比，是更为优越的管理方法。

三 目标传导式绩效管理中的目标管理理论与战略管理理论思维

（一）战略管理理论对目标传导式绩效管理的指导作用

一是对构建目标传导式绩效管理指标体系具有引导功能，明确要求指标设定与分解传导的起点是公司战略。二是明确绩效管理在对企业战略转化落地过程中的保障工具作用。三是在绩效评价过程中全面反映了公司战略管理的要求。四是确定绩效管理的动态管理工具作用，全面促进企业竞争优势的培植。

（二）目标传导的路径与机制

1. 目标传导路径

目标管理体系由目标明确性入手，首先将公司战略使命转化为公司的具体目标，随后运用战略地图与逻辑树对公司目标进行分解，并结合各级组织的职责和业务重点，形成各级组织的关键绩效指标（KPI），然后确认每个岗位的业务重点，明确岗位职责，界定各岗位之间、各岗位在部门之间的关联，最后，结合岗位职责将部门/车间 KPI 分解形成每个岗位的 KPI，完成了目标由公司传导至员工与岗位的流程，从根源打破了平均主义对理论演绎产生的负面影响。

2. 目标传导机制

目标传导式绩效管理的核心设计内涵之一就是目标的传导机制，目标传导既起到了横向串联"四体系、一平台"的作用，又有着纵向贯穿企业、部门、员工行为一致性的功能。

3. 目标属性

目标传导式绩效管理目标管理体系设计中，对关键绩效指标的设定既注重从哪几个方面对工作产出进行评估或衡量，回答评估了做"什么"的问题，也充分考虑了各指标应达到的水平，解决了完成多少与完成难度的问题。根据目标设置理论，在组织或个人能力可满足、对目标又有高度的承诺的条件下，任务越难，绩效越好，即绩效与目标难度水平之间存在着线性关系，是因为人们可以根据不同的任务难度来调整自己的努力程度。但班杜拉曾描述："过于容易的目标难以引起组织或个人的兴趣和努力，适当困难程度的目标可以维持较高的努力和自我效能带来的满足感，而超过组织或个人能力所能达到的目标会通过产生失望和非效能感而降低动机。"因此，评价标准设定的合理性即难度属性很大程度上决定了绩效循环与激励保障的有效性，起到了至关重要的作用。

四　战略管理理论与目标管理理论的应用评述

（一）应用优点

1. 目标管理的有效性得到认可

目标管理作为一种有效的绩效管理工具，在企业管理中得到广泛应用，在对企业战略和目标逐级分解细化的过程中，将大而空的口号式目标转变为具有可操作性的具体目标，使企业内各部门及人员明确了解各自要完成的目标并能够找到完成的途径和方法，提高了管理的效率。

2. 目标管理提高了组织结构的职责分工

由于组织目标的成果和责任力图划归一个职位或部门，容易发现授权不足与职责不清等缺陷。将企业的产量目标转化为每个车间的生产转化率，甚至是每一台机器运行效率和每一天的产量，将更有利于发现企业生产和管理中存在的问题。

3. 目标管理启发了自觉性

目标管理强调自我控制自我调节，将个人利益与项目利益和企业利益挂钩，调动了员工的主动性、积极性和创造性。在企业中，当目标细化到每个人的绩效时，薪酬将随着每个员工表现的不同而不同，员工在完成个人目标的同时，促进了企业目标的实现，员工将得到丰厚的报酬奖励，而企业在市场上获得更多利益，从而形成良性循环。

（二）应用的局限性

1. 目标制定较为困难

尽管目标明确，但组织内还有许多目标难以定量化、具体化，变化的环境使得各种活动的不确定性提升，导致确定数量化目标变得越来越困难。

2. 绩效标准的差异

目标管理中过分强调目标的数量化，在企业中岗位众多，不同岗位特性使得目标难以量化，绩效标准也因岗位不同而有所变化，使企业较难提供一个可以相互比较的平台。

3. 缺乏必要的行为指导

目标管理使每一位成员更加注重目标的实现，但是缺乏对目标实现过程的指导和量化，无法提供具体的达到目标的行为指导准则，有可能使其行为偏离目标。

4. 管理成本增加

目标管理需要上下协调沟通，在确定具体目标时，每个部门更关注自身目标的完成情况，可能忽略各部门间相互协作、相互协调，滋长本位主义和急功近利思想的衍生。

第三节 目标传导式绩效管理中的绩效评价理论方法

一 绩效评价的内涵和思想基础

（一）绩效评价的内涵

绩效评价是指运用一定的评价方法、量化指标及评价标准，为实现其职能所确定的绩效目标的实现程度及为实现这一目标所安排预算的执行结果所进行的综合性评价。绩效评价的过程就是将员工的工作绩效同要求其达到的工作绩效标准进行比对的过程。

（二）绩效评价的思想基础

绩效评价有着悠久的历史，中国古代的官吏考核早在秦代就已经出现，兴于唐朝，完善于清朝。在西方工业领域，罗伯特·欧文斯最先于 19 世纪初将绩效评估引入苏格兰，美国军方于 1814 年开始采用绩效评估，美国联邦政府则于 1842 年开始对政府公务员进行绩效评估。在这个发展时期，绩效评估仅仅是一个独立的系统，通常与组织中的其他背景因素相脱离，如组织目标与战略、组织文化、管理者的承诺和支持等。同时，绩效评估对绩效的判断通常是凭印象的和武断的，由于评估的主观性，评估没有得到很好的执行；许多管理者对员工的评估表面上和私下里是不一致的，表面上的评估分数可能很高，但私下里却想解雇他们；注重评估的过程和形式，不注重评估的价值，对组织和员工的作用不大。更为严重的是，按照马斯洛的需要层次理论，传统的绩效评估在很大程度上违背了人的生理需要、安全需要和尊重的需要。

基于此，越来越多的管理者和研究者意识到绩效评价对于提高员工的满意度和绩效的作用非常有限，对完成组织目标的作用也不大，而经济全球化时代的到来使得市场竞争日趋激烈，在这种竞争中，一个企业要想取得竞争优势，必须不断提高其整体效能和绩效。绩效管理正是在对传统绩效评价进行改进和发展的基础上逐渐形成和发展起来的，该发展过程有赖于以下四个原则：一是绩效管理必须设定目标，目标必须为管理者和员工双方所认同；二是要测量员工是否成功达到目标的尺度必须清晰地表述出来；三是目标本身应该是灵活的，应该足够反映经济和工作场所环境的变化；四是员工应该把管理者不仅仅当作评价者，而应该当作指导者，帮助他们达到成功。

（三）评价方法

1. 绩效评价关键事件法

要求保存最有利和最不利的工作行为的书面记录。当这样一种行为对部门的效益产生无论是积极还是消极的重大影响时，管理者都把它记录下来，这样的事件便称为关键事件。在考核后期，评价者运用这些记录和其他资料对员工业绩进行评价。优点：用这种方法进行的考核有可能贯穿整个评价阶段，而不仅仅集中在最后几周或几个月里。缺点：如果一名基层主管要对许多员工进行评价，则记录这些行为所需要的时间可能会过多。

2. 绩效评价叙述法

只需评价者写一篇短洁的记叙文来描述员工的业绩。这种方法集中倾向员工工作中的突出行为，而不是日常每天的业绩。这种评价方法与评价者的写作能力关系较大。一些主管由于其优秀的写作技巧，甚至能将一名勉强合格的工人描述得像一个工作模范。因为没有统一的标准，所以对叙述评价法进行比较可能是很困难的。优点：这种方法不仅是最简单的，而且是对员工进行评价的最好方法。缺点：在一定的绩效评估系统中，用于评估的具体方法有许多，分别可以达到不同的目的。

3. 绩效评价硬性分布法

需要评价者将工作小组中的成员分配到一种类似于一个正态频率分布的有限数量的类型中去。例如，把最好的10%的员工放在最高等级的小组中，次之20%的员工放在次一级的小组中，再次之的40%放在中间等级的小组中，再次之的20%放在倒数第二级的小组中，余下的10%放在最低等级的小组中。优点：这种方法简单，划分明确。缺点：这种方法是基于这样一个有争议的假设，即所有小组中都有同样优秀、一般、较差表现的员工分布，可以想象，如果一个部门全部是优秀工人，则部门经理可能难以决定应该把谁放在较低等级的小组中。

4. 绩效评价择业报告

要求评价者从一系列的个人陈述中进行选择，且这些人应是被受到最多或最少描述的员工。缺点：这种方法的一个困难在于，描述性陈述实质上可能都是相同的。

5. 绩效评价考核报告

评价者完成一份类似于强制选择业绩报告的表格，但对不同的问题会赋予不同的权数。优点：由于选择了权数，显得更公平。缺点：权数的确定有时存在争议。

6. 绩效评价作业标准法

作业标准法是用预先确定的标准或期望的产出水平来评比每位员工业绩的方法。标准反映着一名普通工人按照平均速度操作而取得的一般产出。作业标准可以直接应用在各种工作中，但它们主要频繁地用于生产工作中。优点：有明确的标准。缺点：合理的标准不易确定。

7. 绩效评价排列法

评价者只需简单地把一组中的所有员工按照总业绩的顺序排列起来。例如，部门中业绩最好的员工被排列在最前面，最差的被排在最后面。缺点：这种方法的主要问题是，当个人的业绩水平相近时难以进行排列。

8. 绩效评价平行比较法

平行比较法是排列法的一种演变。在这种方法中，将每个员工的业绩与小组中的其他员工相比较。这种比较常常基于单一的标准，如总业绩。获得有利的对比结果最多的员工，被排列在最高的位置。缺点：这种方法主要适合生产部门或者营销部门等，有些部门业绩本身难有定量的标准。

9. 绩效评价在人力资源管理中的地位和作用

绩效评价是更合理地配备人力资源的基础，衡量各岗位人员是否胜任，也是进行合理提升的基础。另外，绩效评价也是实施激励措施的必不可少的环节，绩效评价是否公平是影响下一个周期中激励措施是否有效的重要因素。

二　PDCA 循环绩效管理体系

随着绩效管理内容的丰富，PDCA 循环理念被应用到绩效管理之中，并在绩效管理中发挥着重要的作用。可以说，PDCA 循环就是绩效管理的"轨道"。PDCA 的含义是：P（Plan）——计划，D（Do）——实施，C（Check）——检查，A（Action）——行动，对总结检查的结果进行处理，成功的经验加以肯定并适当推广、标准化，失败的教训加以总结，未解决的问题放到下一个 PDCA 循环里。以上四个过程不是运行一次就结束，而是周而复始地进行，一个循环结束了，解决一些问题，未解决的问题进入下一个循环，实现阶梯式螺旋上升。PDCA 循环实际上是有效进行任何一项工作的合乎逻辑的工作程序，对绩效管理尤其适用。将绩效管理体系的主要流程与 PDCA 循环结合起来，就构建出了 PDCA 循环绩效管理体系，具体如图 2 - 2 所示。

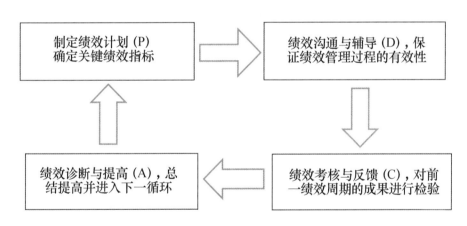

图 2 - 2 绩效管理 PDCA 循环图

制定绩效计划（P）是整个绩效管理流程中的第一个环节，发生在新绩效管理期间的开始。在绩效计划里，主要的工作是为员工制定关键绩效指标，其主要依据是员工岗位说明书和公司战略目标以及年度经营计划。在制定好关键绩效指标之后，就需要进行绩效沟通与辅导（D），主要是针对绩效目标的辅导，依托绩效计划阶段所制定的绩效目标，也就是关键绩效指标管理卡，与员工保持持续不断的绩效沟通，对员工进行有针对性的辅导，进而保证员工的绩效目标得以达成和超越，使员工的能力在绩效管理的过程中得到有效的提高，为员工在下一绩效周期挑战更高的目标做好准备。

依据预先制定好的关键绩效指标，管理者需要对下属的绩效目标的完成情况进行绩效考核与反馈（C）。绩效考核的依据就是绩效计划阶段的关键绩效指标和绩效沟通辅导过程中所记录的员工业绩档案。同时，管理者还需要与下属进行一次面对面的交谈——绩效反馈面谈，让员工全面了解他们自己的绩效状况，正确认识自己在这一绩效周期中所表现出来的优点和有待改进的弱点。

绩效诊断与提高（A）主要是对公司所采用的绩效管理体系、管理者的管理方式以及对员工本绩效管理周期内存在的绩效不足进行诊断得出结论，放到下一 PDCA 循环里加以改进和提高。

三 目标传导式绩效管理中的绩效评价思维模式

（一）以信息化为基础的绩效评价思路

第一，通过管理、技术、工作三大标准的编制，将各标准值与指标进行匹配后上传绩效一体化平台，最终转化形成了 KPI 指标目标值，为信息平台的自动考核提供比对基准。

第二，由测量仪表采集的计量数据大部分由信息系统直接提取，另一小部分定期抄表上传至信息平台，绩效一体化平台在记录数据的同时，自动与考评指标标准进行对比，得出结果作为考核依据。

第三，通过信息平台的建设，改变了过去以月度为循环的绩效管理习惯，任何时间均可登录平台实施考评或查询考评具体结果。绩效考核平台先后与相关各信息系统进行了接口部署和数据集成，实现了定量指标的自动获取和实时考评。如表 2 - 2 所示。

表 2-2 目标传导式绩效管理中的数据采集

序号	系统名称	考评指标	数据采集周期
1	主数据平台（MDM）	信息塔，数据归集	实时
2	生产执行系统（MES）	产品产量、温度、压力、液位、设备运转率等	每 2 小时取一次考核数据
3	能源管理系统（EMS）	能源单耗、产品收率	每 2 小时取一次考核数据
4	安全风险分级管控与应急指挥系统（SES）	事故事件、隐患治理、一单四卡、安全环保检查等	每天 1 点取前一天考核数据
5	智能巡检系统	车间、班组巡检率、个人漏巡点	每天 1 点采集 7 天前的考核数据
6	设备运行管理系统	设备完好率、设备连锁情况、仪表四率	每天 1 点采集 7 天前的考核数据
7	实时数据库系统（PI）	温度、压力、液位、设备转速等生产实时数据	5 分钟取一次实时数据
8	实验室信息系统（Lims）	化验分析数据及采样点合格率	每 2 小时取一次考核数据
9	污水在线系统	环保指标小时、日超限数据	每天 23 点取前一天考核数据

（二）以信息化为基础的 PDCA 循环

绩效计划：制定计划前对相关信息进行收集、分析、应用，与考评对象有效沟通，依据正式制度对计划进行规范三步进行。

绩效实施：充分借助绩效管理一体化平台，全天候地观察、收集相关工作活动信息，及时检验工作的进展和质量，提供必要的资源支持与指导，促使绩效计划顺利实施，保证绩效目标层层实现。

绩效评估：依托信息平台，定量指标每天可多次自动评估，定性指标按节点要求进行量化过程考核，具体方法采用管理业务行为的工作定量化或者指标评价过程的定量化两种方法。

绩效改进：定量指标每次评估后，及时对绩效指标、评价标准、评价权重等的科学性、合理性进行评估，改进绩效计划的制定，对低于标准的被考评对象进行绩效改进约谈和建议。月度、季度、年度进行综合绩效评估，对被考评对象提出绩效改进建议。

四 绩效评价方法与思维的应用评述

绩效评价方法本身在形成和发展中吸纳了很多管理理论的思想、方法。通过绩效评价，企业可以拥有对员工的晋升、降职、调职和离职的依据；可以得到组织对员工的绩效考评的反馈和员工对组织贡献的评估；可以了解员工和团队的培训与教育的需要，对员工的薪酬决策提供依据。

目标传导式绩效管理中的绩效评价是以信息平台为基础，彻底解决了企业内部信息不对称造成的评价问题，具有以下优势：

第一，相对于传统绩效评价具有评价数据自动采集、对比、分析的功能，减少了数据错误与误差，提高了公平性。

第二，信息化下的绩效评价具有数据处理快、展示功能强的特点，加速了绩效小循环的形成，打破了以月度为单位的绩效循环常规。

第三，更为科学的设定指标与评价。评价指标中必然有定性指标的存在，采用信息化的方式，使定性指标过程化和定量化考核得以实现，避免了人为操作考评方式的弹性。

第四节 目标传导式绩效管理中的多目标决策理论与方法

一 多目标决策理论

（一）多目标决策理论发展

决策是人类的基本活动，从狭义角度讲，决策是指人们在不同的方案中作出选择的行为，而广义的决策则是人类解决一切问题的思维过程。随着人类的进步和社会的发展，决策问题从简单发展到复杂，决策分析技术从定性发展到定量，进而发展到定性与定量相结合。面对现实生活中存在的复杂的、庞大的决策问题，要求广大的管理科学学者研究与之相适应的决策理论和方法。

多目标决策（Multiple Objectives Decision Making，MODM）问题最早是由法国经济学家帕累托于1896年从政治经济学角度提出的，他把很多本质上不可比较的目标化成一个单一的最优目标进行求解。1958年西蒙关于有界理性的研究可看作多目标决策的一部分。1961年Charnes和Cooper引入的目标规划（Goal Programming）是早期的多目标决策方法，其准则是使目标值和实际达到值两者之间差的绝对值之和达到最少。1963年扎德从控制论的角度提出了多目标决策问题。Geofrion（1968）从数学规划的角度提出了向量优化问题的真有效解的概念，并给出了该解的必要条件和充分条件。多目标决策方法在20世纪70年代取得了较好的进展。1972年10月在美国举办的南卡罗来纳会议是多目标决策研究和应用上的里程碑。此后，多目标决策理论、方法和应用研究进入了一个迅速发展的时期。20世纪80年代，多目标决策理论与技术已扩大到社会、经济和自然的各个领域。Haimes和陈刚于1983年出版了 *Multiobjective Making-Theory and Mathodology* 一书，该书构建了一套完整的多目标决策理论与方法体系。1989年，Goldberg在其著作中提出了将帕累托理论与进化算法结合求解多目标优化问题的新思路，这对于后续进化多目标优化算法的研究具有重要的指导意义。Sierea和Coello于2005年将多目标决策与粒子群算法耦合，提出基于粒子群的多目标算法。

我国在多目标决策的研究方面起步比较晚，但发展很迅速。1981年，在北京召开了首次全国多目标决策会议，会议上提交的综述和介绍性文章居多。1984年，在北京召开了第二次全国多目标决策会议，理论上出现了非光滑问题、模糊决策、目标规划、AHP方法、优序法等新方法，应用方面也趋于成熟。之后，多目标决策方法的研究与适用更加广泛，应用领域也更加宽广。

近年来，遗传算法、模糊优化、神经网络等现代技术也被应用到多目标优化问题中，使得多目标优化方法取得了很大的进步。

（二）多目标决策的特点及流程

多目标决策问题有两个显著特点：一是目标间的不可公度性；二是目标间的矛盾性。所谓目标间的不可公度性是指各个目标没有统一的度量标准，因而难于比较。如果决策人不是直接采用效用函数去求解多目标决策问题，而是借助其他方法，也需要克服目标间不能公度的困难。目标间的矛盾性是指如果采用一种方案去改进某一目标的值，可能会使另一目标的值变"坏"。由于多个目标之间的矛盾性和不可公度性，因此不能把多个目标归并为单个目标，使用求解单目标决策问题的方法去解决多目标决策问题，需要用多目标决策的理论和方法来解决问题。

多目标求解的总体思路主要包括五个步骤，如图2-3所示。

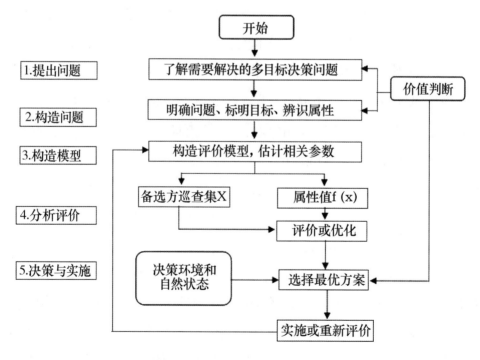

图2-3 多目标决策流程图

二 目标传导式绩效管理中的多目标决策方法的综合应用

亚当斯认为职工的积极性取决于他所感受的薪酬分配上的公正程度。然而，各企业普遍存在着鞭打快牛的现象，即承担着较多传导目标且完成难度大的部门，因考核指标多，扣分点分布广，比较容易产生考核扣分，而工作任务相对较少的部门，因扣分点分布少，而较易在考核中获取较高的分值与排名，此现象造成了考核不公问题的出现，直接造成高目标组织或个人的不公感上升与满意度下降，甚至导致考核的激励作用局部失效。

基于对上述问题的解决，目标传导式绩效管理运用多种多目标决策下的方法设计了绩效调节系数，具体设置方法与步骤为：

第一步：根据实际工作需要，选取3—4个维度指标，对组织总体工作难度与量度进行评价，如项目部绩效考评的维度分别为工艺难度、建设规模、管理难度和风险控制，职能部门绩效考评的维度分别为目标保障、业务量、风险度和管理难度。

第二步：采用优序图法，确定所选取的各评价维度指标的权重。

第三步：采用360度评价法收集来自上级、平级、下级等各方面的评价。

第四步：采用对偶分析法将所有单位逐一配对两两进行比较，比较中根据两单位任务难度的大小，按差异层级取得分值，最终根据全部对比完成后的得分值来进行排序。

第五步：采用区间系数，依据组织排序得出其得分值。最后，通过加权平均各维度下的得分，即可求得各组织的绩效调节系数。

岗位系数的设置与组织调节系数的设置方法基本一致。首先，采用360度评价法，由各层级人员运用对偶分析法与层级分析法，做各岗位的对比得分排序；然后，采用区间系数法，依据岗位排序得出其对应分值，即为该岗位的系数。

1. 优序图法

优序图（Precedece Chart）是美国学者穆蒂于 1983 年首次提出的。简单优序图是一个棋盘格的图式，如图 2-4 所示。设 n 为比较对象（如方案、目标、指标等）的数目，在图中就有 $n \times n$ 个空格，图的左方竖列为比较者，上方横行为被比较者，对角线的空格为自身相比，没有意义，故无须填写。优序图在两两比较中用"0、1"两个数字来描述："0"表示两两对比中相对重要的、大的、优的；"1"表示的意义则相反。我们在实际应用过程中，又引入了"0.5"这个数字来表示两两对比中同等重要的情况。

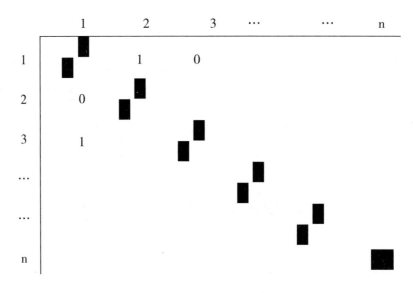

图 2-4　优序图方法的应用

例如，在建设过程的具体应用中，对项目部将分别从以下四个维度进行评价：（1）工艺难度：根据施工建设工艺、技术等方面的难度及新工艺的应用情况进行评价。（2）建设规模：根据装置建设任务的工程量与工作量综合进行评价。（3）管理难度：根据单位的责任范围、建设装置分布、施工工期要求、施工特点进行评价。（4）风险控制：根据风险源总量与管控难度、工艺成熟度、质量控制难度等方面进行评价。对职能部门分别从以下四个维度进行评价：（1）目标保障：对指挥部整体目标的完成、起到的保障责任的程度及承担指标管控的数量进行评价。（2）业务量：根据部门职责范围结合年度工作计划任务量的情况进行评价。（3）风险度。根据部门在效益、政治、安全环保、质量、进度、投资、技术等方面所需承担的责任与风险进行评价。（4）管理难度：根据协调界面数量和流程复杂程度进行评价。

在打分时将各个指标进行两两比较，当 A 的重要程度 > a 的重要程度时，得 1 分；当 A 的重要程度 = a 的重要程度时，得 0.5 分；当 A 的重要程度 < a 的重要程度时，得 0 分。对项目部的打分示意表和权重如表 2 - 3 所示。

表 2 - 3　　　　优序图法确定项目部各评价维度权重示意表

指标名称	a - 工艺难度	b - 建设规模	c - 管理难度	d - 风险控制	合计	权重
A - 工艺难度	/	0.5	0	1	1.5	0.25
B - 建设规模	0.5	/	1	0.5	2	0.3333
C - 管理难度	1	0	/	0.5	1.5	0.25
D - 风险控制	0	0.5	0.5	/	1	0.1667

2. 360 度评价法

360 度评价，也称为全方位评价或多来源反馈评价。其主要的概念是指针对特定的个人，以包含被评者在内的多位评价者来进行评定。也就是根据当事人的领导能力或者管理能力，由员工自己、上司、直接下属、同事以及外部顾客等进行全方位的评定，并在评价之后给予反馈，如图 2 - 5 所示。

360 度反馈是一种"多来源反馈"（multiple-feedback）技术，它针对特定的个人（通常为主管），以包含被评者自己在内的多位评价者来进行鉴定。其主要观念是根据主管的领导行为或管理才能，由主管自己、上司、直接下属、同事甚至外部顾客等进行全方位的评价，并在评价之后给予反馈。事实上，360度反馈是在全面质量管理、组织发展调查反馈、员工发展反馈、绩效评估已经多于评价系统的基础上发展起来的。360度反馈的优点在于提供被评者在各个方面的工作表现情况，以及防止因为特定评价者的专断或偏见而造成误差的考核结果。

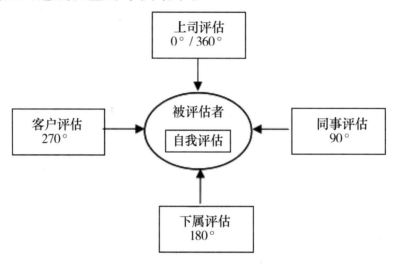

图2－5　360度评价法示意

在实际运用时，一般需要样本满足是大样本的前提条件。因此一个团体的平均得分值就等于该团体中所有被试实得分数的平均值，即：实得分数的变异数＝真分的变异数＋误差变异数（其中真分变异数还可以分为两部分：与测量目的有关的变异数和与测量目的无关的变异数。前者是由所要测量的变量引起的，后者是由其他无关变量引起的，但又是稳定的）。对于360度评价而言，由于评价着眼于各个不同的侧面，对任何一位组织成员都测量了多次，平均误差渐趋于零，实得分数就渐渐趋于真分，进而在一个团体中，测量误差的变异数也趋于零。那么，一组测验分数之间的变异数就只由与测量目的有关的变异数和稳定的但是出自无关变量的变异数所决定了，从而使测量值更接近于真分值。也就是说，360度评价与其他评价方法相比，具有比较高的信度和效度。

3. 对偶分析法

1876 年费希纳在关于美学实验研究方面首先提出可以用对偶比较的方法研究观察者在两件作品中更喜欢哪一件的设想。1894 年寇恩首次将这种方法用于对色彩偏爱的调查。1927 年瑟斯顿从数学上证明了通过对偶比较法测得的反应服从正态分布，为广泛地使用这种方法奠定了基础。因此，该方法又被称为瑟斯顿第五型比较判断法。这个方法类似恒定刺激法，按照恒定刺激法的方式，应让被试者比较标准刺激和变异刺激。但用这个方法比较美感和态度时，标准刺激要屡次出现，会使人看腻了而影响正确判断，从而改成两刺激对偶比较，这样可以克服恒定法的不足，但其结果又能转化为恒定刺激法的结果。

对偶比较法的具体步骤是把所有要比较的刺激两两配对，然后一对一对地呈现，让被试者对于刺激的某一特性进行比较并作出判断：两个刺激中哪一个刺激的某种属性更明显，如甲物比乙物好看，受欢迎……它要求每一个刺激都要分别与其他刺激比较一次。如果用 n 代表相比较刺激的数目，那么比较的总次数就是：n（n−1）/2。例如 10 个刺激，若每一个刺激都与其他的刺激比较一次，则需比较 10（10−1）/2＝45 次。为了控制空间误差、时间误差等系统误差，要求每对刺激随即呈现，用 AB 法平衡空间和时间误差，即每对的两次比较中，某刺激先呈现，在另一次比较时，则后呈现等。

在具体应用中，对偶分析法是将所有单位逐一配对两两进行比较，根据两单位任务难度的大小，按差异层级取得相对应的分值，最终根据全部对比完成后得分值的和值来进行排序的一种方法，该项目采用的是 3 分度对偶分析法，如表 2−4 所示。

表 2 - 4	3 分度对偶分析法
3 分度	分值含义
0.3	意味 A 单位明显小于 B 单位
0.5	意味 A 单位等同于 B 单位
0.7	意味 A 单位明显大于 B 单位

在具体填写时，以神宁集团煤制油化工板块某基层单位为例，比较的部分选取了装置项目部、公用工程项目部、空分动力项目部、基地污水处理项目部、精细化工项目部五个部门，如表 2 - 5 所示。

表 2 - 5 填写举例表（以基层单位为例）				
基层单位对偶分析表（工艺难度维度）				
指挥部领导：□ 副总师/总监：□ 职能部门负责人：□ 基层单位负责人：□				
	装置项目部	公用工程项目部	空分动力项目部	基地污水处理项目部	精细化工项目部
装置项目部	/	0.5	0.7	0.5	0.7
公用工程项目部	/	/	0.3	0.5	0.7
空分动力项目部	/	/	/	0.5	0.7
基地污水处理项目部	/	/	/	/	0.7
精细化工项目部	/	/	/	/	/

由表 2 - 5 可知，装置项目部与公用工程项目部的难度是相同的，而装置项目部的工作难度明显大于空分动力项目部和精细化工项目部。

4. 区间数排序法

区间数的定义如下：

定义 1 记 $a = [a^-, a^+] = \{x \mid a^- \leq x \leq a^+, a^-, a^+ \in R\} a = [a^-, a^+] = \{x \mid a^- \leq x \leq a^+, a^-, a^+ \in R\}$，称 a 为区间数，特别地，若 $a^- = a^+ a^- = a^+$，则 a 退化为一个实数。

显然，区间数是实数的推广。全体区间数组成的集合记为 $I(R)$。

定义 2 设 $a = [a^-, a^+] \in I(R)$，对任意 $\lambda \in [0,1]$，称 $m_\lambda(a) = (1-\lambda)a^- + \lambda a^+$，或 $m_\lambda(a) = a^- + \lambda L(a)$ 为区间数 a 的 λ 分点，其中 $L(a) = a^+ - a^-$ 表示区间数 a 的长度。

区间数的相对优势度定义如下：

定义 3 设 $a = [a^-, a^+], b = [b^-, b^+] \in I(R)$，对任意 $\lambda \in [0,1]$，称

$$P(a > b) = \int_0^1 P\{m_\lambda(a) > m_\lambda(b)\}d\lambda = \int_0^1 \frac{e^{a^- - b^- + \lambda\{(L(a)-L(b))\}}}{e^{a^- - b^- + \lambda\{(L(a)-L(b))\}} + 1}d\lambda$$

$$= \begin{cases} \dfrac{1}{1 + e^{b^- - a^-}}, & L(a) = L(b); \\[3mm] \dfrac{1}{L(a) = L(b)}\ln\dfrac{e^{a^+ - b^+} + 1}{e^{a^- - b^-} + 1}, & L(a) \neq L(b)。 \end{cases}$$

区间数 a 与 b 相比较时 a 相对优于 b 的程度，简称相对优势度。当 a 与 b 都为实数时，则退化为定义 1。为了直观明了，引入记号 "$a > b$" 表示 a 以程度 $P(a > b)$ 优于 b。

定理 1 区间数相对优势度 $P(a > b)$ 具有性质：

①$0 < P(a > b) < 1$；

②$P(a = b) = 1/2$；

③$P(a > b) + P(b > a) = 1$；

④当 $a^- + a^+ = b^- + b^+$ 时，$P(a > b) = 1/2$。

模糊互补矩阵的定义如下：

定义 4 设矩阵 $A = (a_{ij})_{n \times n}$，若有 $0 \leq a_{ij} \leq 1$，则称矩阵 A 是模糊矩阵。

定义 5 设模糊矩阵 $A = (a_{ij})_{n \times n}$，若有 $a_{ij} + a_{ji} = 1$，则称矩阵 A 是模糊互补矩阵。

根据以上定义，区间数排序法即对于给定的一组区间数 $a_i =$

$[a_i^-, a_i^+], i = 1, 2, \cdots, n\ a_i = [a_i^-, a_i^+], i = 1, 2, \cdots, n$。利用定义 3 的区间数相对优势度计算公式，对其进行两两比较，得到相应的相对优势度 $P(a_i > a_j)\ P(a_i > a_j)$，简记为 $P_{ij}, i, j = 1, 2, \cdots, n\ P_{ij}, i, j = 1, 2, \cdots, n$，并建立相对优势度矩阵 $P = (p_{ij})_{n \times n}\ P = (p_{ij})_{n \times n}$。因此，对区间数进行排序的问题就转化为求解相对优势度矩阵的排序向量问题。由定理 1 的性质③易知，矩阵 P 是一个模糊互补矩阵。对模糊互补判断矩阵的排序问题已经有了深入研究。其中一个简洁的排序公式为 $w_i = \left(\sum_{j=1}^{n} P_{ij} + \dfrac{n}{2} - 1 \right) / n(n-1)$。

得到相对优势度矩阵 P 的排序向量 $w = (w_1, w_2, \cdots, w_n)^T\ w = (w_1, w_2, \cdots, w_n)^T$，并利用 $w_i (i = 1, 2, \cdots, n)$ 对区间数 $a_i (i = 1, 2, \cdots, n)$ 进行排序。

在具体应用中，依据对偶分析法在各维度下为各单位进行对比打分，根据得分排序，对应区间系数。神宁集团煤制油化工板块某单位 2017 年区间排名对应分值表如表 2-6 所示：

表 2-6   2017 年区间排名对应分值表

排序号	部门对应分数	基层单位对应分数
1	1.2	1.3
2	1.175	1.25
3	1.15	1.2
4	1.125	1.15
5	1.1	1.1
6	1.075	
7	1.05	
8	1.025	
9	1	

在实际应用中，2017 年职能部门与项目部类别内区间最大差值为 20%，职能部门与项目部类别间的差值为 10%。

三　多目标决策理论与方法的应用评述

（一）应用优点

目标传导式绩效管理设计过程中利用多目标评价方法确定组织和岗位调节系数，自下而上汇总形成薪酬分配统计分值，按照自上而下的考评奖金分配总量，折算为组织和员工的奖金分配额，形成了以绩效为导向，评价结果为依据，奖金兑现为目的的自上而下的分配机制，能够在一定程度上对组织和岗位职责进行重新梳理，使得员工明确了岗位职责与任职资格，清晰了工作目标及工作标准，认识到自己的差距所在与素质能力短板，绩效考评结果客观真实反映员工真实绩效水平，公平公正，激发了员工的成就感和荣誉感，更加积极主动工作，并有针对性、有计划地提升、开发员工能力，薪酬的激励与约束作用凸显。

（二）局限性

在确定评价指标及权重时，采取了主观赋权法，这是人们研究较早、较为成熟的方法，主观赋权法的优点是专家可以根据实际的决策问题和专家自身的知识经验合理地确定各属性权重的排序，不至于出现属性权重与属性实际重要程度相悖的情况。但决策或评价结果依然具有主观随意性，客观性较差，同时增加了对决策分析者的负担，应用中存在一定的局限性。

第五节　目标传导式绩效管理中的 行为激励理论

一　行为激励理论思想内涵

个体行为理论是行为科学重要的组成部分，个体行为理论的研究者们认为人除了有经济方面的需要以外，还有社会和心理方面的需要。人们的各种行为，都有一定的动机，而动机又产生于人们本身内在的、强烈要求得到满足的需要。因此，在企业管理中，可以根据人的需要和动机来加以激励，使职工更好地完成任务，同时职工也能更好地实现自我价值。激励理论就是根据人的需要和动机对人员进行有效激励的一系列理论。个体激励理论根据需要、动机和作用点又可分为内容型激励理论、过程型激励理论和行为改造型激励理论，如图2-6所示。

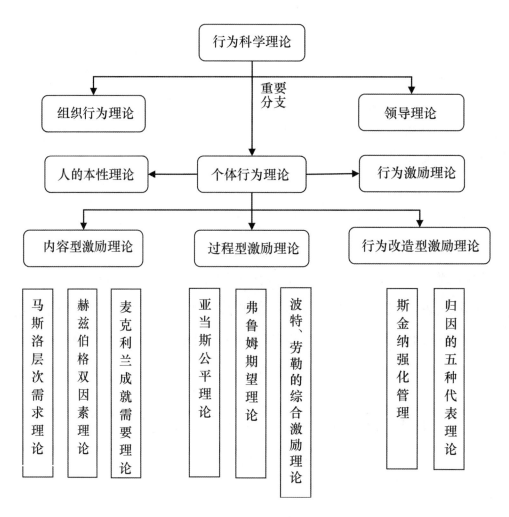

图2-6　个体行为激励理论框架图

二 目标传导式绩效管理中的激励动机

（一）内容型激励

1. 马斯洛层次需求理论将人的需要归纳为五种：生理需要、安全需要、感情和归属需要、受人尊重需要和自我实现需要，并在此基础上对五种需要的性质层级和彼此之间的关系作了具体论述。在分析五种层次需要的基础上，马斯洛进一步指出，人的需要具有层次性、动态性和发展性的特点，上述五种需要是从最低需要到最高需要逐层递升的，低一级的需要得到满足之后，更高一层次的需要才会出现和逐渐得到满足，如图 2-7 和图 2-8 所示。

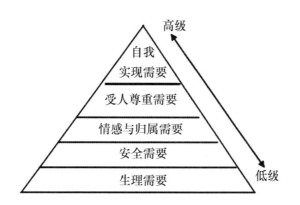

图 2-7　马斯洛层次需求理论

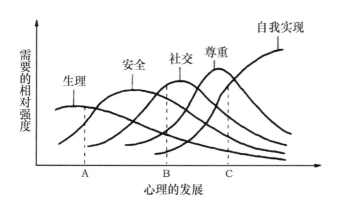

图 2-8　心理发展与需求的关系

2. 赫兹伯格双因素理论又称"激励—保健理论"，其基本观点是，把企业中有关因素分为满意和不满意两种因素，即激励因素和保健因素。激励因素可以使人得到心理上的愉悦感，这是适合人的心理成长因素，当激励因素得到满足时，个人或集体以一种成熟的方式成长，使工作能力不断提高；保健因素是指缺乏这些因素时容易产生不满和消极的情绪，若改善这些情况，就能消除不满和消极情绪，维持原有的工作效率，但并不能激励个人有更好的表现或提高劳动热情。因此，对管理者而言，要提供充分的保健因素，以消除不满；要提供充分的激励因素，以有效激发积极性。如图 2 – 9 所示。

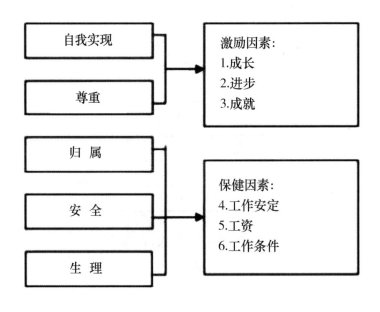

图 2 – 9　赫兹伯格双因素理论

3. 麦克利兰成就需要理论又称"三种需要理论"。其基本观点是人在工作情景中有三种重要的动机或需要：成就的需要、权力的需要（或情谊的需要）以及亲和的需要。这一理论进一步对成就需要与工作绩效的关系作了大胆而有说服力的研究和推断，在企业管理和组织管理中具有重大的应用价值，不同的激励方式适用于不同的需要，管理者不仅要通过了解员工的不同需要建立科学合理的激励机制，还要根据工作和任务的需要，培养和训练不同层次员工的需要和动机，以调动他们工作的积极性和主动性。

煤制油化工行业属于安全风险较高的行业，神宁集团煤制油化工这种以技术创新为指导的能源化工企业同时拥有较高的行业壁垒和技术壁垒，新技术研发与推广运行的安全风险更值得关注。除了国家现有的相关企业安全管理条例和管理体系，各单位还结合自身的特点，对企业相关专利技术和工艺的安全规范操作给予一定的系统性规范和约束。在劳动法等相关法律的基础上，进一步建立合理完善的薪酬制度和奖惩制度，完善员工的保险和医疗保障。员工的生命安全、身体健康、工作稳定性和劳动所得应该得到基本的保障。除此以外，企业内部的人文环境建设也不可忽视，各单位建设了具有自身特色的企业内部安全文化，让员工对企业有归属感和认同感，关注员工在企业中扮演的角色，积极给予支持和鼓励。

在绩效管理中，满足生理需求、安全需求和情感需求等保健因素的条件，只能起到维持企业基本运营的作用，是每一个企业都应该为员工的正常工作提供的基础条件，要达到进一步提高员工工作积极性、提升企业吸引力、招揽并留住人才的目的，还需要满足员工被尊重和自我价值实现的需求。神宁集团作为大型国有企业，拥有很多在国内的首次引进和首创技术，可以在该领域为员工提供较好的行业基础和成长空间，进一步将这种优势保持并形成较为长久的竞争优势，对企业提升自身竞争力、引进优秀人才和激励已有员工不断学习和创新都具有一定的价值。然而，该集团地处中国西北部少数民族欠发达地区，在地理位置上并不占优，因此也必须加强和国内外行业技术和管理等方面先进企业的交流，必须为员工提供更多的交流机会和更广阔的视野，弥补地理位置的劣势，给员工以有效激励。

目标传导式绩效管理在给予员工相应的内容型激励时，充分考虑到了不同层级、不同部门和不同员工需求的差异，不同层级的员工对于不同激励内容的敏感性是不同的，例如：作业车间的工人对工作安全和薪酬保障的敏感性大于其对权力的需求；青年人才更注重于个人的发展平台和发展空间；资深研究员对受人尊重和自我价值实现的需求高于其对更高薪酬的需求。

（二）过程型激励

美国学者斯塔西·亚当斯（Stacy Adams）在综合有关分配的公平性、合理性和认知失调的基础上提出了公平理论，又称社会比较理论。公平理论的基本观点是，职工所得报酬的绝对数量和相对数量都会影响职工的工作积极性。因此，每个人都会自觉不自觉地把自己所获报酬和个人投入的比率，与他人在这方面的比率相比较，比较的结果将直接影响其今后工作的积极性。这种比较可以用公式来说明：

$$\frac{个人所得的报酬}{个人的投入} = \frac{（作为比较的）另一个人所得的报酬}{（作为比较的）另一个人的投入}$$

当个体认为自己的报酬投入比与别人相同时，个体会感到公平，因而心情舒畅，继续努力工作；当个体认为自己的报酬收入比别人低时，个体会感到不公平，导致他抱怨，影响工作情绪；当个体认为自己的报酬收入比别人高时，个体也会产生不公平感，主要是负疚感，也会导致该职工加倍工作，以消除不公平感。

弗鲁姆的期望理论，其基本观点是，人的行为受一种预期心理的支配，人之所以能够从事某项工作并达成目标，是因为这些工作和目标能满足他们的需要，受需要的驱动，必然会在心中产生一种想要付诸实践的动机，而这一动机的强弱程度和对工作的努力程度取决于目标效价和期望值的乘积，同公式表示为：

$$M = V \times E$$

其中，M 表示激励力量（Motivation），即产生行为动机的强弱度或对目标实现的努力程度；V 表示效价（Valence），指工作目标达成后满足个人需要的程度；E 表示期望值（Expectancy），是个人判断自已达到某种目标或满足需要的可能性的主观概率。当行为者对某项活动及其结果的吸引力评价很高，而且估计自己获得这种成果的概率很大时，那么领导者用这种活动和结果来激励他就可取得良好的效果。因此，企业就一方面使职工了解活动成果的吸引力，另一方面要尽可能帮助职工实现其期望，提高期望概率，以便提高激励力。

综合激励理论把激励的内容、过程、强化三个方面综合起来而提出一种期望激励理论。其模式表示如图2-10所示：

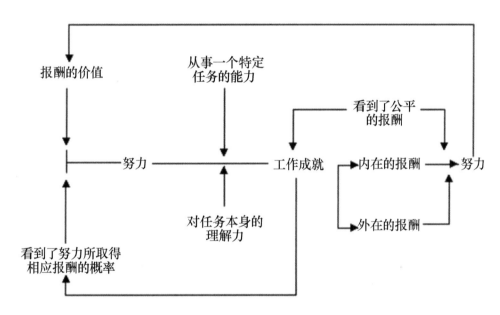

图2-10 波特、劳勒的综合激励理论模式

这一模式的含义是，激励导致一个人的努力程度，加上角色概念，决定他取得成绩的大小。经过"评价"后，得到相应的报酬（奖励或惩罚）。他用自己认为公正的原则对自己得到的奖励和惩罚加以衡量，如果他认为符合公平的原则，会感到满足；否则就感到不满足。

与内容型激励不同，过程型激励将个体在应对某一种内容激励时的自我认知纳入了考虑因素，一方面是自身的期望，另一方面是自身和他人的比较。过程型激励主要用于企业对员工薪酬、奖惩和福利的体系建立方面。神宁集团属于国有大型能源化工企业，薪酬和福利在拥有其他同等类型企业的特点的同时，还拥有其特殊性，因此目标传导式绩效管理的设计与实施中考虑到了以下几点：

（1）同岗位、同工龄、同贡献、同职称的员工应当尽可能拥有相同的基准报酬，不同岗位员工的总体报酬和福利差别也应当与其所做的贡献和所承担的风险相匹配。

（2）员工的劳动所得应该清晰、明确。当然，企业也不能无限满足员工的期望，员工的判断和期望往往趋于偏向对自己有利的方面，企业需要对员工的认知进行正确引导，对员工的期望进行合理修正，尽可能做到整体公平。

（3）弄清员工最偏爱的诱因，并以此确立报酬结构，努力开发员工的才能，并采用正确的领导方式来提高绩效水平，同时做到公正无私，让那些贡献大的员工得到相应的报酬。

（4）根据员工的工作性质和内容差异，及时调整激励方式，项目或者研究会出现失败的情况在创新板块是不可避免的，甚至是经常出现的，在对创新型人才提供薪酬和福利激励时，还充分考虑到研究者的能力和其所从事的项目与研究成功的概率，当成功概率较大、研究人员对自己的研究越有信心时，提供相应的激励能起到更好的效果。

（5）激励并不是简单的因果关系，员工的工作积极性不止受一个因素的影响，而是多种因素综合作用的结果，因此，在管理实践中，必须形成从激励到满意以及从满意反馈到努力的良性循环。

（三）行为改造型激励

行为改造型激励理论主要以斯金纳的强化理论为核心。强化理论（Reinforcement theory）由美国的心理学家和行为科学家斯金纳首先提出。斯金纳认为人是没有尊严和自由的，人们作出某种行为或不作出某种行为，只取决于该行为的后果。他提出了一种"操作条件反射"理论，认为个体为了达到某种目的，会采取一定的行为作用于环境。当这种行为的后果对他有利时，这种行为就会在以后重复出现；不利时，这种行为就减弱或消失。人们可以用这种正强化或负强化的办法来影响行为的后果，从而修正其行为。

根据强化的性质和目的可把强化分为正强化和负强化。在管理领域中，正强化就是奖励那些组织上需要的行为，从而加强这种行为；负强化就是惩罚那些与组织不兼容的行为，从而削弱这种行为。正强化的方法包括奖金、对成绩的认可、表扬、改善工作条件和人际关系、提升、安排担任挑战性的工作、给予学习和成长的机会等。负强化的方法包括批评、处分、降级等，有时不给予奖励或少给奖励也是一种负强化。

目标传导式绩效管理在对强化理论的应用中充分考虑了强化的模式，并采用了一整套的强化体制。在强化理论的实践应用中，具有下几条原则：

第一，以正强化方式为主。正强化方式可以培养员工，提高员工的自信心。在鼓励的作用下，员工可以认识到自己的潜力，不断发展其业务能力，提高企业整体绩效。在正强化中，设置鼓舞人心的管理目标是一种正强化方法，但要注意将企业的整体目标和职工个人目标、最终目标和阶段目标等相结合，并对在完成个人目标或阶段目标中作出明显绩效或贡献者，给予及时的物质和精神奖励，以充分发挥强化作用。

第二，慎重采用负强化（尤其是惩罚）手段。负强化应用得当会促进业绩提升，应用不当则会带来一些消极影响，可能使人由于不愉快的感受而出现悲观、恐惧等心理反应，甚至发生对抗性消极行为。因此，在运用负强化时，应尊重事实，讲究方式方法，处罚依据准确公正，这样可尽量消除其副作用。将负强化与正强化结合应用一般能取得更好的效果。

第三，注意强化的时效性。采用强化的时间对于强化的效果有较大的影响。一般而论，强化应及时，及时强化可提高员工行为的强化反应程度，但须注意及时强化并不意味着随时都要进行强化。不定期的非预料的间断性强化，往往可取得更好的效果。在管理中要对员工进行奖励，适时性原则是奖励的一个重要原则。适时奖励才能取得预期的效果。

第四，因人制宜，采用不同的强化方式。由于人的个性特征及其需求层次不尽相同，不同的强化机制所产生的效应会因人而异。因此，在运用强化手段时，应采用有效的强化方式，并随对象和环境的变化而相应调整。

第五，利用信息反馈增强强化的效果。信息反馈是强化人的行为的一种重要手段，尤其是在应用经营目标进行强化时，定期反馈可使职工了解自己参加企业各项活动的绩效及其结果，既可使职工得到鼓励，增强信心，又有利于及时发现问题，分析原因，修正所为。

三 行为激励理论与应用的评述

行为激励理论是生产力发展到一定阶段的必然产物，也是对科学管理在管理实践中所出现的问题和弊端的反思与修正。行为激励理论不再仅仅局限于"经济人"的理论假设，而是将人作为"社会人"、"自我实现人"和"复杂人"等假设基础上，主张人是管理中最核心的因素，既是管理的主体又是管理的客体，应该通过各种方式注重和满足人多方面的需求与愿望，培养他们在管理中所应具备的各种素质，采取"人性化"和"民主化"的管理方式，激励他们在管理中发挥积极性、主动性和创造性，同时注意发挥组织中非正式组织在管理中的积极作用，从而达到管理的最优化效果。

（一）应用优势

将行为激励理论引入目标传导式绩效管理理论体系与模式中，拥有以下几个优势：

第一，激励理论能够帮助管理者将员工的复杂需求进行一定的归纳总结和量化，系统地讨论了员工需求的性质、结构、发生过程、发展方向，从不同的角度解释员工需求的动机和激发需求的影响，与"以人为本"的宗旨和人才引入的战略相契合。

第二，激励理论能够在给予管理人员普遍性框架的同时，引导管理人员注意到绩效管理中涉及的个体差异性和个体认知的不同。各企业在产品、工艺和工作环境、工作性质方面都具有一定的特殊性，工艺流程长，安全风险高，不同岗位员工的工作环境和工作性质差异较大，在激励理论的框架下，管理者很容易识别这些因素，并采取不同的考核办法，最终达到公平公正、提高效率的目的。

第三，激励理论从实践的角度为管理者提出了具体的注意事项和操作指南，管理者不是被动地评价员工的表现，同时也是员工工作的引导者，激励理论为这两者的平衡提供了一定的思路，管理者在奖励与惩罚时，应该把握一定的尺度，充分考虑员工需求的多元性。

（二）局限性

行为激励理论存在的局限性表现在以下方面：

第一，行为激励理论在强调人的同时却忽视了经济技术，尤其是环境和条件的巨大影响。和古典管理理论一样，缺少对企业战略发展环境的思考。

第二，行为激励理论将人类行为的复杂原因分析得过于简单，在探究复杂人类行为的特定层面时无法提供普遍性的法则，这也为管理学的继续发展和完善留下了空间。

第三，行为激励理论研究的主体——人总是处在变动之中。人会随着生活的变化而变化，会随着社会的变化而变化，会随着科学技术的发展而变化，会随着自我的变化而变化，所以行为激励理论会永远随着人的不断变化而变化，难以产生定论。

第六节　目标传导式绩效管理中的系统论和控制论思想

一　系统论和控制论的思想内涵

（一）系统论的思想内涵

系统论的基本思想方法，就是把研究和处理的对象当作一个系统，分析系统的结构和功能，研究系统、要素、环境三者的相互关系和变动的规律性。系统论认为，开放性、自组织性、复杂性、整体性、关联性、等级结构性、动态平衡性、时序性等是所有系统的共同的基本特征。这些既是系统所具有的基本思想观点，也是系统方法的基本原则。

对于一个系统而言，主要有三个要素构成，即系统的诸部件及其属性、系统的环境及其界限、系统的输入和输出。系统的部件可以分为结构部件、操作部件和流部件。系统是由许多部件组成的，当系统中的某个部分本身是一个系统时，就可以称此部件为该系统的子系统。所有系统都是在一定的外界环境条件下运行的，系统既受到环境的影响，同时也对环境施加影响。系统与环境的交互影响就产生了输入和输出的含义。外界环境系统给系统一个输入，通过系统的处理和变换，必然会产生一个输出，再返回到外界系统。所以系统中的部件是输入、处理和输出活动的执行部分。也就是说，一个理想系统在目标或要求明确之后，就可以通过接受一系列的外界输入以及进行有效和高效率的处理之后，提供系统所期望的实现目标的输出，返回到环境。如果在输入、处理和输出活动之外，再加入反馈活动，则该系统就具有更为完备的系统功能。

（二）控制论的思想内涵

控制论中，"控制"是一个有组织的系统根据内外部的各种变化进行调整，不断克服系统的不确定性，使系统保持某种特点的状态，是施控主体对受控主体的一种能动作用，这种作用能够使受控主体根据施控主体的预定目标而动作，并最终达到这一目标。就一般的控制系统而言，有三个基本思想：控制或限制、指导或命令、校对或检验，体现在控制系统的四类逻辑相关环节的封闭循环中。控制论的基本理念和方法在管理领域得到广泛的应用，几乎任何管理系统都没脱离这样的设计思想。现代绩效管理方法体系中也随处可见控制论方法的影子。

管理的关键在于控制。控制不仅是管理的一项重要职能，管理的关键在于能否实施有效的控制。管理中的控制工作就是按设定的标准去衡量计划的执行情况，并通过对执行偏差的纠正来确保计划目标的正确与实现。计划和控制是实现组织目标密不可分的一对辩证统一体。在管理中进行控制工作最主要的作用就是对环境的变化及时作出反应、克服因管理权力分散导致的失控现象以及纠正因管理人员能力差异带来的偏差。管理控制具有整体性和动态性，整个过程涉及所有管理人员、组织的各个方面，并且一直处在动态管理变化之中。同时，它也是提高员工管理能力、业务能力和自我控制能力的重要手段，通过相应的方法实现对人的控制并由人来执行。

二 目标传导式绩效管理中的系统论理念

系统论对目标传导式绩效管理构建的影响主要体现在：为绩效管理提供一种理念上的指导，使管理者从战略角度对绩效管理进行全面研究，帮助管理者在研究绩效管理各个具体问题时注重研究它们之间的关系及其相互的影响。因为绩效管理涉及企业经营的各个部门和领域，各部门和领域的绩效既相对独立，又相互联系。显然，绩效管理系统作为企业或其他组织管理系统的子系统，必定与其他子系统及其母系统之间存在着互动与适配关系。

システム論の核心思想は系統の整体観念である。在伝統的绩効管理体系所応用的基礎理論中，対系統性与完整性的考虑相対缺乏，忽視文化思維等情境，導致了绩効目標的伝導弱化与薪酬分配的平均主義現象，進而使企業戦略目標和員工担当、崗位表現相脱離，無法形成有効的激励保障；在設計中，未構建绩効管理与員工成長的連接，使員工的職業生涯規劃模糊，厳重阻碍了企業的持続発展；同時也未借助先進的信息化手段，導致绩効管理的時効性、動態性較弱，未能做到全過程与全天候跟蹤管理。所以，在目標伝導式绩効管理体系的設計中，全面加入了系統論的思想，構造了目標伝導式绩効管理模型。総的来看，目標伝導式绩効管理模型就是一個完整的系統，任何一個組成部分対于這個系統来説都是不可或缺的，缺少其中之一，都会対整個系統的効果造成影響，大大減弱該模型的実施効果。

三　目標伝導式绩効管理中的控制論思想

目標伝導式绩効管理系統是一種典型的控制系統，通過信息反饋来掲示绩効成効与標準之間的差異，並跟蹤採取糾正措施，使绩効管理系統穏定在預定的目標状態上。在绩効管理中，作為管理職能之一的控制是指：為了確保組織的目標以及為此而擬定的計劃能夠得以実現，各級主管人員根拠事先確定的標準或因発展的需要而重新擬定的標準，対下級的工作進行衡量、測量和評価，並在出現偏差時進行糾正，以防止偏差継続発展，今後再度発生。在目標伝導式绩効管理中，需要不断地進行標準的擬定和糾正偏差，因此控制論思想方法貫徹在绩効管理的全過程中。

在目標伝導式绩効管理的具体環節之中，绩効管理一体化平台的設立就是以控制論為基礎，也最能体現控制論的思想。绩効管理一体化平台的建設是绩効評価体系的重要環節之一。绩効評価体系首先搭建了绩效评价的基础框架，由目标传导、职责、行为评价三类路径形成的考评指标、主次分明的指标权重、合理的考评流程、严谨的考评标准组成。在此基础上建设绩效一体化平台，借助各专业化信息平台的数据支撑，实现考核数据的在线实时提取与比对，将考核的事后奖惩功能转变为实时预警与改进，提升考核的时效性。同时，为保障考核标准的严谨性与有效性，进行综合管理体系建设，制定了管理标准、工作标准、技术标准。最后，通过管理业务与行为的工作定量化与指标评价过程的定量化，改变定性指标评价不确定的问题，实现了定量指标数字化、定性指标定量化考核的目的。如图 2-11 所示。

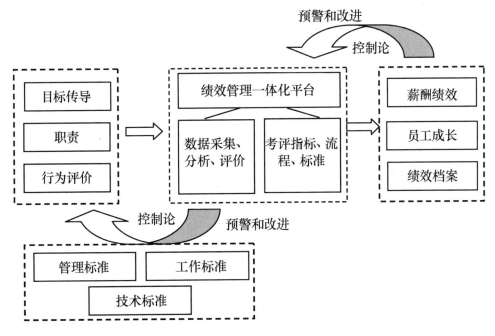

图 2-11 目标传导式绩效管理中的控制论思想

四 目标传导式绩效管理中系统论和控制论思想的评述

（一）系统论的评述

系统论为现代管理科学提供了新的思维方式，对管理中出现的复杂性、组织性、开放性和非线性问题给出了较为科学的解决思路——不是先分析后综合的单向性，而是把分析和综合有机结合、互相反馈的双向性。

系统论也为企业绩效管理和科学决策提供了理论基础和决策程序。运用系统思维可以全面认识决策对象的整体性、层次性、动态性、随机性，只有系统论才能较为有效地解决企业中的多层次、多目标决策问题。

正因为系统论的横向性、整体性和综合性，落实在具体的应用和体系构建中也是比较困难的，往往需要人力、物力、财力等多种资源的投入。构建的新系统也容易局限在原有组织架构的堆砌和简单组合中，较难突破性的改革。

在系统论的指导下，目标传导式绩效管理能够改善相关业务单元绩效管理条块分割明显、职能组织缺乏协调、绩效管理机构相对不完善的局面，利用制度、办法和相应流程的同时，重视部门间协调性工作或指标的管理和对关系战略目标实现的关键业绩的统一运作和协同。具体优点体现在以下三个方面：

第一，目标传导式绩效管理理论与实施模式是一个大的系统，是由管理主体、管理客体、企业战略、目标分解与传导、传导保障机制、绩效指标、评价标准、评价方法、结果应用等子系统与因素构成的完整的系统，且该系统各个因素间明显具有相互作用、相互联系的效应。

第二，职责管理边界划分方面：系统论的引入能够改善原有的高度集权制管理模式，将人、财、物，产、供、销等关键业务决策权适当从职能部门分散出来，使得各个部门相互协调，加强各个分块之间的联系，增加各部门横向之间沟通协调。否则，存在大量的管理职责重叠和交叉，不利于调动基层员工的积极性，管理合力也难以发挥。

第三，员工绩效实现方面：系统论的应用能够使管理者在进行员工绩效管理时，充分考虑员工绩效管理实践与组织绩效管理实践的同步性，从整体的角度出发，考虑历史惯性、企业文化、固有思维等诸多原因影响，而不是局限于业绩和工作量。在现代化管理大行其道的今天，对于大型国有企业，只有充分发挥管理优势，充分体现管理效益，才能形成真正的核心竞争能力，在市场竞争中才会处于优势局面。

（二）控制论的评述

控制论是目标传导式绩效管理最为重要的理论基石，通过对企业经营生产中信息产生、存储、转换、处理、输出等环节的控制，以掌握和控制企业的正常运转活动。目标传导式绩效管理的绩效评价实质上也是一个信息反馈系统，通过信息反馈，揭示管理活动中的不足之处，促进系统进行不断的调节和改革，以逐渐趋于稳定、完善，直达到优化的状态，具有以下优点：

第一，以信息化为载体的绩效管理模式，扩大了控制范围与精准度，能够使企业通过反馈机制，对外部和内部环境的变化作出快速的响应，克服因管理权力分散而导致的失控现象，纠正管理人员能力差异或者系统差异带来的偏差。

第二，控制论与系统论的应用相辅相成，能够更好地保障企业各项业务高效有序运行。科学合理的控制是提高员工管理能力、业务能力和自我控制能力的重要手段，也是提高企业绩效和风险应对能力的重要保障。

第三，充分结合了企业文化，考虑其客观性和经济性，避免主观、片面和资源浪费，充分把握控制的力度和原则，控制力度较小则无法达到控制的目标，力度过大则容易造成反向的后果。

第四，控制论指导下的绩效反馈及改进能够就考核与被考核双方对考核周期内的实际绩效完成情况进行面谈交流，肯定总体成绩，分析查找问题，提出改进措施。让员工随时了解和掌握自身业绩与计划目标是否一致，有利于考核结果达成共识，同时，让员工清楚地知道企业的预期目标，共同查找分析目标未实现的原因并制定改进计划，提出新的更高的目标。绩效反馈在绩效考评结束后实施，也是考核双方直接甚至是唯一的正式对话机会，因此，有效的绩效反馈至关重要。

目标传导式绩效管理

第三章 目标传导式绩效管理的体系内涵

第一节 目标传导式绩效管理的设计理念

一 对我国绩效管理理论与现状的反思

绩效管理在我国经过数十年的发展，无论是在理论上还是实践中均取得较大的发展。首先，对绩效管理的认知在不断提升。随着国内外绩效管理理论与实践的发展，我国绩效管理思想经历了由单一层面的绩效考核到全面、系统的绩效管理的转变。其次，绩效管理工具更加多样化。绩效管理工具是连接绩效管理理论与绩效管理实践的有效纽带。目标管理、标杆管理、关键绩效指标、平衡计分卡等相关理论和方法的发展与引进，为我国企业绩效管理的实施提供了更多的选择空间。最后，企业的绩效管理实践向多元化发展。不同企业具有不同的性质，面临着不同的环境与挑战，目前我国的企业也在根据自身特性进行着不同的绩效管理实践探索。如万科、宝钢、美的，科龙选择平衡计分卡作为绩效管理工具，联想集团及希望集团则尝试将标杆管理运用到绩效考核中，关键绩效指标在金融行业得到广泛应用，还有一些企业则根据企业实际需求构建自己独特的绩效管理综合体系。

值得指出的是，绩效管理在我国经过数十年的发展，虽然在绩效管理思想、绩效管理工具以及企业绩效管理实践方面均取得了跨越式的发展，但是随着实践对理论检验的加深，绩效管理理论应用到实践中的各种难题也随之浮现。通过对我国绩效管理实践探索方面经验与教训的总结，可挖掘出我国绩效管理在实践中主要存在以下问题。

第一，绩效管理不能服务于战略目标。虽然绩效管理强调以组织战略为导向，在绩效管理的过程中要注重局部目标与总体目标的均衡以及短期目标与长期目标的均衡，从而实现企业的可持续发展。但在具体实践过程中，绩效计划目标传导性不强，导致员工仅仅关注本位绩效，出现与企业战略目标相背离的行为，而这种行为使得企业战略不能得到有效的落地执行，导致实际的结果无法满足企业整体目标的要求。

第二，企业战略与员工成长未能充分结合，员工缺乏参与感。关注员工成长，调动员工积极性，从而充分发挥人才效用对企业的长远发展至关重要。然而在企业实践中，企业战略目标的传导过程中未考虑员工能力与效价而导致指标设置不合理，以及企业战略目标与员工目标的脱节而使得绩效管理不能正确引导员工行为与组织目标一致的现象时常出现，从而员工的自我效能感无法得到有效激发，绩效考评趋向于一种单纯的、流于形式的考评，员工缺乏参与感和积极性，企业战略目标的实施无法得到有效的保障。

第三，过分关注指标而忽视目标。在绩效管理系统中，目标和指标均占据着至关重要的地位。目标为绩效管理指引方向，绩效管理取得的成果应与目标保持一致。而指标则是目标进行落实的手段，是目标可视化的中介，是绩效评价的标准和绩效改进的依据，对规范和引导员工行为具有至关重要的作用。但在绩效管理具体实践过程中，由于绩效评价的内容是指标而不是目标，导致"唯指标论"的现象普遍存在，从而忽略了与组织战略紧密相连的目标的完成。

第四，绩效量化考核不足，绩效评价和改进缺乏操作性与指导性。在绩效管理的具体实践过程中，许多企业由于绩效管理指标体系评价内容与标准设置不合理，或未对指标对应统计数据做有效规范，或未对过程数据进行即时有效的统计分析，而面临着绩效评价体系不能真实、可靠地反映企业运行过程中组织和员工的业绩与问题的严峻挑战。

第五，绩效评价的效用未能充分发挥。绩效评价不是绩效管理的终点，而是绩效管理改进及发挥功效的起点。绩效评价结束后应将绩效评价的结果及时用于绩效反馈及绩效改进中，并为人力资源决策提供科学依据。然而在我国企业绩效考评的实践中，绩效评价结果的应用具有一定的局限性，未能与员工成长充分相结合。即绩效评价结果仅仅是内容型激励的一部分，基本未涉及过程型激励与员工成长的应用，从而直接导致了绩效管理的失效，企业内部平均主义盛行，部门间或员工间轮流当选优秀，搞人情照顾、论资排辈。这样的绩效管理不仅起不到应有的员工激励与目标保障作用，甚至引起员工的不满情绪，起到负面作用。

第六，绩效管理的时效性、动态性较弱。绩效管理是一个动态的循环系统，绩效管理过程中，信息的及时更新、分析与反馈有助于形成对企业各活动进程的有效监控以及及时纠偏。然而，目前企业普遍以月度为考评周期，每月仅一次对各类指标完成数据进行统计与对比分析，人为地将绩效循环周期拉伸至月度属静态考核，不能使绩效持续改进，部分考评不能及时发挥其激励和约束作用。

理论的发展推动实践的前进，而实践的前进则会反哺理论的改进，由以上对我国绩效管理现状的分析可知，我国绩效管理的发展无论是在理论创新方面还是在实践突破方面，均存在较大的需求。为了使绩效管理更加本土化，更能服务于本土企业的发展，相关的理论学者与企业家应共同努力以推进绩效管理的发展与创新。

二　目标传导式绩效管理理论的实践创新

企业不仅是理论适用性及可实施性的检验地，也是理论创新灵感的发源地，本节通过对绩效管理实践创新历程的系统梳理，加深对目标传导式绩效管理由实践出发创造性地提出目标传导式绩效管理过程的认识。

伴随国家产业政策调整，神华宁夏煤业集团公司组织机构和管理模式也经历了数次变更，绩效管理模式也随之不断调整，20世纪90年代中后期推行经济指标管理模式，重点关注成本指标；2000年推行目标管理，管理逐步向精细化转变，关注的指标逐步延伸到产量、成本、利润、安全等主要指标；2007年开始推行五型企业管理，从本质安全型、质量效益型、创新驱动型、节约环保型、和谐发展型等方面实现全面管理；与此同时，为实现组织目标真正落实到员工，激发员工活力，2010年开始推行全员绩效管理。然而，由于绩效管理理论没有与中国的文化背景和国内大多数企业的实际很好地结合，出现了水土不服的现象，导致我国大多数企业绩效管理体系运转效果并不显著。主要表现在：

一是未真正做到将企业战略与员工成长充分结合。一方面，企业战略目标的传导过程中未考虑员工能力与效价，指标设置不合理，出现明确性与难度性属性缺失，无法激发员工的自我效能感，造成目标承诺的失效；另一方面，企业战略目标与员工目标的脱节，使绩效管理不能正确引导员工的行为与组织的目标一致，其结果就会趋向于一种单纯的、流于形式的考评，也就不能有效地保障企业的战略目标完成。

二是绩效计划目标传导性不强，导致员工仅仅关注本位绩效，出现与企业战略目标相背离的行为，而这种行为使得企业战略不能得到有效的落地执行，导致实际的结果无法满足企业整体目标的要求。

三是绩效评价和改进缺乏操作性与指导性，未能较好地解决量化考核的问题。在绩效管理的实施过程中，由于指标体系评价内容与标准设置不合理，或未对指标对应统计数据做有效规范，或未对过程数据进行即时有效的统计分析，均会导致考评体系不能真实、可靠地反映企业运行过程中的业绩与问题。

四是绩效管理的时效性、动态性较弱，目前企业普遍以月度为考评周期，每月仅一次对各类指标完成数据进行统计与对比分析，人为地将绩效循环周期拉伸至月度属静态考核，不能使绩效持续改进，部分考评不能及时发挥其激励和约束作用。

五是绩效结果未能真实反映组织和员工业绩，造成薪酬分配存在大锅饭现象。例如，职能管理部门与管理人员，由于工作职责的性质，使得企业对其的考核指标，大部分甚至全部都不得不采用定性指标。相对于定量指标，定性指标很难精确地加以衡量和考核。很多企业的普遍做法是仅凭考核者的主观印象进行考核与奖罚，使得绩效结果趋于一致，平均主义盛行。

六是绩效结果应用具有一定的局限性，未能与员工成长相结合。即仅仅是内容型激励的一部分，基本未涉及过程型激励与员工成长的应用，直接导致了绩效管理的失效，企业内部平均主义盛行，部门间或员工间轮流当选优秀，搞人情照顾、论资排辈。这样的绩效管理不仅起不到应有的员工激励与目标保障作用，甚至引起员工的不满情绪，起到负面作用。

为实现企业的长远发展目标，促进绩效考核长期价值的最大化，针对以上绩效管理中所存在的问题，神宁集团首先对绩效管理理论进行了系统的研究，其次充分考虑中国国情的复杂性和特殊性，对中国企业绩效管理目标、管理理念和管理模式进行了深入分析，然后依据企业所面临的具体问题，结合自身实践经验，从国际先进管理理论、方法和工具中吸取精华，对企业的绩效管理系统提出以下的改进措施。

第一，合理评估员工能力与效价，注重员工目标与企业目标的联系，遵循目标导向的原则，依据企业实践情况，将企业战略目标层层分解为切实可行的各级组织目标及岗位目标。

第二，注重闭环绩效管理各环节的落实，使绩效管理从仅关注绩效考评的现象中脱离出来，并最大程度地实现定量指标数字化、定性指标定量化，加强绩效考核工作的科学性和可操作性。

第三，在进行薪酬分配时，尽量减少定性指标的运用，增加定量指标的运用，建立薪酬分配数学模型，如通过设置组织及岗位调节系数，增加薪酬分配的公平度，充分调动员工的积极性。

第四，依据绩效考评结果帮助员工进行职业生涯规划，为员工制定职业上升通道，使企业发展与员工成长相得益彰。

第五，搭建一体化信息平台，实现目标行为与考评的全过程跟踪与全天候评价，解决企业内部信息不对称的问题。

为更好应对内外环境的变化和企业自身发展的需要，神宁集团针对自身绩效管理所面临的问题并依据以上改进措施对绩效管理变革，通过对绩效管理理论以及绩效运行规律和机制进行不断探索，深入挖掘和研究，最终形成了独特的目标传导式绩效管理理论和管理模式。

三　目标传导式绩效管理的理念及愿景

目标传导式绩效管理的设计理念是"全指标量化、全员性参与、全要素集成、全过程控制、全天候评价、全方位激励"。

高效的绩效管理体系是企业实现运营目标的重要的工具。传统的绩效管理以提高绩效、实现企业目标为目的，期望通过一系列管理方法实现对全公司各层各类人员工作绩效的客观衡量、及时监督、有效指导、科学奖惩，从而调动全员积极性并发挥各岗位优势以提高公司绩效。然而基于对我国绩效管理现状的反思，可以看到传统绩效管理在实践的过程中显现出本土化程度不够，在运用到我国企业的过程中遇到了一系列的问题，如过分关注目标而忽视指标、过分强调绩效考评而忽略了绩效管理的系统性、绩效评价结果运用不充分、信息传递不畅、员工参与感不强以及绩效管理不能充分服务于战略目标等。而通过对神宁集团绩效管理的实践创新的系统梳理，可以看到明确企业战略目标，对战略目标进行层级分解，对各级指标进行分级细化，最大化地量化绩效考评过程，关注员工成长及薪酬分配公平，鼓励员工参与到绩效管理过程中以及鼓励员工参与对绩效管理的全程监督等因素对于提高绩效管理实践性、运行效率及实践成果具有重要的作用。

在对我国绩效管理现状进行反思，以及对企业绩效管理实践创新进行理论演绎的基础上，形成目标传导式绩效管理的设计理念，即要做到"全指标量化、全员性参与、全要素集成、全过程控制、全天候评价、全方位激励"。其中，"全指标量化"指的是最大程度地实现绩效考评过程的定量化；"全员性参与"指的是最大程度地促进全体员工参与到绩效管理的过程中，满足全体员工的知情权、参与感、对组织的贡献感及依附感；"全要素集成"指的是通过绩效管理系统集成与绩效管理相关的所有要素，从而最大化绩效管理的客观性、系统性，实现绩效管理价值的最大化；"全过程控制"指的是对绩效管理过程进行全过程的监督，及时了解绩效管理系统的运行状况，从而能做到对绩效管理运行的全过程控制；"全天候评价"即对工作实施的过程和成果，以及工作绩效进行全天候的线上评价与查询，从而能及时掌握工作状况及进度，实现对工作实施过程的及时纠偏及资源支持；"全方位激励"即通过相关举措实现对人员和组织的激励，充分调动人员及组织的主动性和潜力，最大程度地发挥出人的效用。通过对目标传导式绩效管理理念的贯彻，期望企业在目标传导式绩效管理实践的过程中能实现"人人有职责、事事有程序、干事有标准、过程有痕迹、绩效有考核、改进有保障"的愿景。

第二节　目标传导式绩效管理概述

一　目标传导式绩效管理的概念

目标传导式绩效（简称 GCP）管理是以企业战略为引领，目标管理为导向，组织和员工绩效评价与改进为内容，薪酬激励为手段，绩效管理一体化平台为载体，企业发展和员工成长为目的的绩效管理工具；它通过"全指标量化、全员性参与、全要素集成、全过程控制、全天候评价、全方位激励"的方式，将战略绩效、组织绩效和全员绩效紧密结合，最终实现精细管理和价值管理为一体的高标准、高效率、高效益的效能可控、和谐共赢的卓越企业目标。目标传导式绩效管理体系主要由四个子体系即目标管理体系、绩效评价体系、薪酬激励体系、员工成长体系和一个绩效管理一体化信息平台有机的组成。

目标传导式绩效管理作为一个完整的系统，充分考虑了绩效相关的各个要素，不仅关注企业战略目标的层层落实，还充分关注企业发展中员工的成长，注重人才价值的实现，且目标传导式绩效管理充分应用移动互联网的技术，顺应大数据的趋势，致力构建智能型绩效一体化信息平台，以降低绩效管理的时间及金钱成本，实现绩效管理的动态性，增加绩效管理过程中信息的流畅度及透明度。值得指出的是，目标传导式绩效管理的核心内涵为目标传导，既注重战略目标横向在目标传导式绩效管理体系各环节的传导与流通，又注重纵向将企业战略目标层层分解为公司目标、组织目标以及岗位目标，并依据目标构建各级指标，从而保证企业、部门、员工目标及行为的一致性。相比于传统绩效管理，目标传导式绩效管理更具有系统性、完整性，更注重体系中各环节的连接及可操作性，意在通过企业及员工的共赢发展，提升组织及员工绩效，实现企业战略目标。

二 目标传导式绩效管理的基本特征

目标传导式绩效管理具有以下特征：

1. 系统性

第一，目标传导式绩效管理具有系统的理论基础，其以系统论、控制论、激励理论、目标管理理论、战略管理理论为主体基础，以信息论、博弈论、行为科学理论、权变管理理论、制度经济学、计量经济学、社会比较理论等为辅助理论，在理论群的基础上，以绩效管理对企业战略目标完成的传导保障为目的，设计并实施了目标传导式绩效管理。第二，目标传导式绩效管理体系是一个闭环绩效管理系统。要实现绩效管理的系统性及有效性，保障绩效管理各环节持续的信息传递与反馈，打造闭环绩效管理系统是至关重要的。国内大部分企业在实施绩效管理时，通常因未充分认识到封闭系统的重要性或由于绩效管理系统存在设计缺陷的原因，而不能保证绩效管理系统的闭环特性。目标传导式绩效管理并未将眼光局限于传统绩效管理的界限，而是全面考虑了战略目标、绩效管理、薪酬管理之间的关系，并依据需求建立了目标管理体系、绩效评价体系、薪酬激励体系、员工成长体系及绩效管理一体化平台（以下简称"四体系、一平台"）在内的目标传导式绩效管理体系，有效保证了绩效管理系统的闭环特性，实现了绩效管理系统运行过程中连续不断地控制以及连续不断地反馈，保证了企业绩效连续不断地提升。

2. 实践性

通过对"四体系、一平台"的建立，目标传导式绩效管理流程得到了有效的固化。目标管理体系中目标的层级分解及关键绩效指标体系的建立；绩效评价体系中绩效考核循环的建立；薪酬激励体系中，岗位及组织调节系数的设置；员工成长体系中，员工绩效档

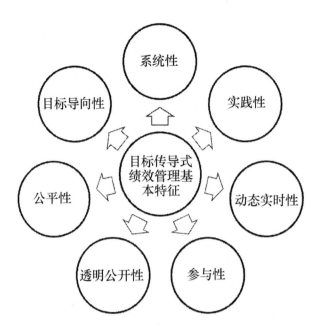

图 3 - 1　目标传导式绩效管理的基本特征

案的建立、员工职业生涯规划方法的设定以及员工评价模型的建立；绩效一体化平台的载体作用，均为目标传导式绩效管理的实践性及操作性提供了保障。

3. 动态实时性

绩效管理各环节涉及绩效指标体系的构建，各种信息的收集、记录及更新，绩效信息面向员工的公示，等等，其中所包含的内容庞杂，工作量巨大，为了降低绩效管理的成本，提升绩效管理的效率，信息技术的运用至关重要。移动互联网的出现，改变了人们生活与思维的方式，也为绩效管理提供了强劲的技术支撑和便利。目标传导式绩效管理通过绩效管理一体化平台的建立，实现了信息的自动收集与智能分析，颠覆了传统绩效循环的周期时长，实现目标行为和考评的全过程跟踪与全天候评价，解决了企业内部信息不对称的问题，绩效管理的效率由此得到极大的提升。

4. 参与性

绩效管理的最直接目的即通过个人绩效与团队绩效的提升，来提高企业绩效。虽然提升个人与团队的绩效是管理者的责任，但是

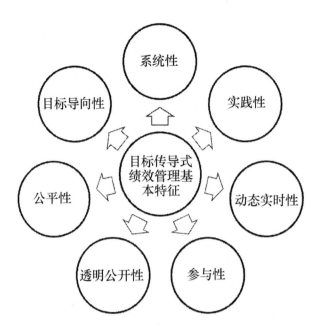
目标传导式绩效管理

74

绩效的获得却是管理者与员工共同的任务。在以往绩效管理的实践中，员工常常仅作为一个被考核者的身份被动参与其中，管理者与员工之间缺乏有效沟通，员工对绩效考核的原理及进展不清楚也不了解，此种现象不利于员工与公司目标一致性的形成，极大地阻碍了绩效管理的顺利实施及绩效的提升。目标传导式绩效管理充分认识到员工在绩效管理系统中的基础支撑作用，在目标传导式绩效管理实施的过程中，鼓励员工参与绩效计划的制定，通过绩效管理一体化平台及时向员工公示相关信息，通过薪酬激励体系及员工成长体系的建立最大程度地调动员工的积极性与使命感，从而加强员工在绩效管理过程中的参与性。

5. 透明公开性

保证绩效管理过程的公开透明，有助于员工增加对企业的信任及信心，有助于员工积极参与绩效管理的监控过程，从而促进绩效管理的高效实施与反馈。传统的绩效管理系统由于信息自动化不够，做到绩效管理信息的公开透明具有一定的难度。目标传导式绩效管理所构建的智能型绩效一体化信息平台，创新了以大数据、信息化为载体的管理方法，通过综合安全类信息系统、生产类信息系统、经营类信息系统、党建类信息系统等系统的集成，利用网络协同，极大地便利了信息在各组织、各部门及员工之间的传递，有利于全员参与绩效管理系统的监控过程，有利于提升绩效管理反馈及改进的效率。

6. 公平性

激励机制认为员工的积极性受多种因素的影响，如工作及工作结果的吸引力，感知的薪酬分配公平程度，情感需要，自我实现需要，等等。由此可知，为了提升员工工作的积极性，设置合理的目标及公平的薪酬分配制度至关重要。绩效考评结果的重要用途之一即作为薪酬分配的依据，然而在现实企业的实践中，由于薪酬分配制度设置的不合理，经常出现薪酬最终分配结果与绩效考评结果不匹配的现象，员工从中感受到薪酬分配的不公，甚至产生对绩效考评的厌恶感，绩效考评结果流于形式，不能发挥其真实的功效。目标传导式绩效管理体系通过运用优序图法和 360 度评价法等方法，形成了一套组织、岗位两个层级的调节系数设置模型，极大程度地解决了员工薪酬感知分配不均的问题，有效地保护了员工的劳动成果，增加了绩效管理的公平性。

7. 目标导向性

管理学大师彼得·德鲁克认为，企业的目的和任务都必须转化为目标，而企业的目标只有通过分解成每个更小的目标后才能够实现，并不是有了工作才有目标，而是有了目标才能确定每个人的工作。在绩效管理实践过程中，目标分解的难度及复杂度增加了目标传导的难度，很多企业由此对目标传导望而却步，各部门目标的关联性及方向一致性大大降低，短期目标与长期目标冲突、个人目标与组织目标冲突、组织目标与企业目标冲突的现象时常出现。目标传导式绩效管理体系通过目标管理体系的建立，实现了对企业战略目标的层级分解及关键绩效指标体系的有效建立，从而实现了战略目标横向对"四体系、一平台"的指引作用，以及纵向对企业、部门、员工行为一致的保障作用，有效地增强了企业的目标导向性，明晰了绩效管理的方向感。

三 目标传导式绩效管理与传统绩效管理的区别与联系

"绩效管理"的概念于 20 世纪 70 年代后期被提出，绩效管理的发展极大地改善了当时绩效考核应用效果不佳的现状，对企业管理的发展起到了极大的促进作用。目标传导式绩效管理则是为解决目前国内绩效管理本土化程度不高及实践性差的现状而提出的，其与传统的绩效管理既有着明显的区别，又存在着千丝万缕的联系。

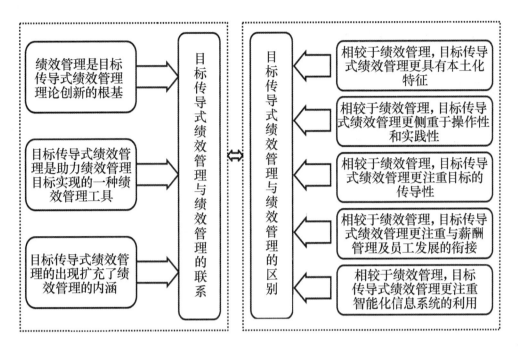

图 3-2 目标传导式绩效管理与传统绩效管理的区别和联系

目标传导式绩效管理与绩效管理的联系主要体现在以下几点：

第一，绩效管理是目标传导式绩效管理理论创新的根基。目标传导式绩效管理是对传统绩效管理的变革与创新，其是基于绩效管理相关的理念与方法产生的，是绩效管理发展的延续。绩效管理已具有一套系统的理念根基，如应以组织战略为导向，实行对组织绩效、部门绩效及个人绩效的全面管理；注重绩效管理的完整性及持续性，构造包含绩效计划、绩效执行、绩效评价、绩效反馈四个环节的完整绩效管理系统；意识到人在企业发展中的核心作用，提出应运用相关激励政策充分调动员工的工作积极性；意识到绩效管理应为开发员工能力的重要手段，可为企业相关的人事调整及员工的职业规划提供依据，等等。绩效管理的发展过程中也出现了各种助力绩效管理落实的绩效管理工具，如目标管理、标杆管理、关键绩效指标及平衡计分卡，等等。虽然目标传导式绩效管理相较于绩效管理具有一定的创新性及变革力，但不可置疑的是，绩效管理相关的理念思想及工具，为目标传导式绩效管理概念的提出以及目标传导式绩效管理体系的设计与实施提供了稳固的基础支撑。

第二，目标传导式绩效管理是助力绩效管理目标实现的一种绩效管理工具。本书对目标传导式绩效管理的定义为，目标传导式绩效管理是以企业战略为引领，目标管理为导向，组织和员工绩效评价与改进为内容，薪酬激励为手段，绩效管理一体化平台为载体，企业发展和员工成长为目的的绩效管理工具。如果把传统的绩效管理定义为狭义的绩效管理，把绩效管理由提出到不断发展完善而形成的整个绩效管理体系视为广义的绩效管理，那么目标传导式绩效管理作为一种绩效管理工具，其与目标管理、标杆管理、关键绩效指标以及平衡计分卡的作用及目的相似，都是促进绩效管理更高效地实施，提升企业的总体绩效。

第三，目标传导式绩效管理的出现扩充了绩效管理的内涵。绩效评价结果的运用对绩效管理作用的发挥至关重要，绩效评价的结果除用于组织绩效、部门绩效以及个人绩效的提升与改进，还被广泛应用于人力资源的相关决策，如员工培训与开发、职务晋升、人员调配、薪酬奖金分配以及员工职业生涯规划，等等。传统的绩效管理将绩效评价视为人力资源管理职能的核心环节，注重绩效评价结果在人力资源其他环节如薪酬管理、员工职业生涯规划的应用，但由于绩效管理与薪酬管理及员工职业生涯规划属于不同的职能部门，绩效评价结果未能充分应用于薪酬管理及员工职业生涯规划。而目标传导式绩效管理体系中薪酬激励体系及员工成长体系的引进，有效地加强了绩效管理、薪酬管理及员工职业生涯规划之间的连接，有助于加强薪酬管理及员工职业生涯规划对绩效评价结果利用的充分性，实现了绩效管理、薪酬管理以及员工成长的一体化，扩充了绩效管理的边界及内涵。

目标传导式绩效管理与绩效管理的区别主要体现在以下几方面：

第一，相较于绩效管理，目标传导式绩效管理更具有本土化特征。我国企业的绩效管理设计与实践均建立在西方已有理论系统的基础上。然而，由于中西方存在制度、思维方式、文化内涵等明显的情境差异，导致企业在设计、实施绩效管理时出现了各种问题，甚至使学者、企业管理者和员工产生了绩效管理理论不太适用于管理实践的困惑。而目标传导式绩效管理理论则立足于中国国情，从实际应用出发，在不断试错与实践中提炼理论方法体系，更具有本土化特征，更适用于中国企业，更具有推广的价值。

第二，相较于绩效管理，目标传导式绩效管理更侧重于操作性与实践性。传统绩效管理过分依赖定性考核，定量考核不足，从而导致各员工的绩效考核结果差异性较小，无法起到激励员工的作用，且考评体系也不能真实、可靠地反映企业运行过程中的业绩与问题。而目标传导式绩效管理则通过"四体系、一平台"的建立，有效地对绩效管理流程进行了固化，为目标传导式绩效管理的实践性及操作性提供了保障。

第三，相较于绩效管理，目标传导式绩效管理更注重目标的传导性。传统绩效管理目标传导性不强，出现部门仅关注部门绩效以及员工仅关注本位绩效的现象，从而导致部门目标以及员工目标与企业战略目标相背离，由此企业战略不能得到有效的落地执行。而目标传导式绩效管理则通过构建目标传导机制，将企业战略目标层层分解传递到员工、岗位，通过指标保目标，目标保战略，实现战略、目标、指标相统一。

第四，相较于绩效管理，目标传导式绩效管理更注重与薪酬管理及员工发展的衔接。传统绩效管理中绩效评价的结果虽是薪酬管理和员工职业生涯规划的依据，但由于信息平台不完善、企业间信息传递不畅、信息透明度不高、企业绩效管理意识不强等原因的存在，绩效评价结果未能充分应用于薪酬管理及员工职业生涯规划，薪酬管理及员工职业生涯规划在实施过程中均呈现动态性及灵活性不够的问题。而在目标传导式绩效管理体系中，薪酬激励体系和员工成长体系的引入以及绩效管理一体化信息平台的搭建，有效地加强了绩效管理、薪酬管理及员工职业生涯规划之间的有机对接，使薪酬管理及员工职业生涯规划对绩效评价结果利用的更充分，有助于实现绩效管理、薪酬管理以及员工成长的一体化。

第五，相较于绩效管理，目标传导式绩效管理更重视智能化信息系统的利用。绩效管理是一个动态的循环系统，绩效管理在运行过程中需要对信息进行不断地收集、更新、分析与反馈，所涉及的工作琐碎而庞杂，信息技术在绩效管理系统中的应用有助于降低绩效管理相关环节的出错率，减少人工工作量，提升绩效管理的效率。信息技术在绩效管理中运用的例子随处可见，如利用共享电子空间来进行绩效计划的创建、模拟、更新及存储；利用电子绩效监控帮助管理者了解当前的绩效状况以及绩效变化的趋势；利用专业网站对员工的各种绩效信息进行记录及跟踪，等等。很显然，相关信息技术的运用极大地提升了绩效管理的效率。虽然信息技术在绩效管理中普遍使用，但传统绩效管理仅将其视为一个辅助手段，并未将其升华到理论层面来强调，且相较于快速发展的信息技术，目前绩效管理中运用的信息技术显得过于单一传统且不成系统。而目标传导式绩效管理则通过绩效管理一体化平台的建立，创新了以大数据、信息化为载体的管理方法，实现了绩效过程的大数据采集分析，颠覆了绩效循环周期时间的约定，体现了对智能化信息系统的充分利用。

第三节　目标传导式绩效管理的设计与实施

为使目标传导式绩效管理得到落实，对目标传导式绩效管理过程进行程序化、流程化，本研究设计了目标传导式绩效管理模型，模型主要由四个子体系即目标管理体系、绩效评价体系、薪酬激励体系、员工成长体系，与一个绩效管理一体化信息平台有机的组成。以下将对"四体系、一平台"的设计原理与实施过程进行详细解说。

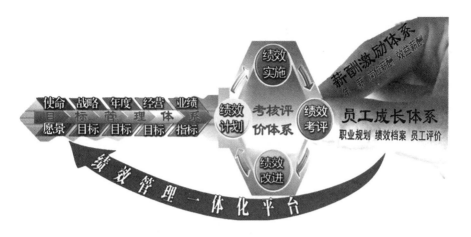

图 3 - 3　目标传导式绩效管理模型

一　目标管理体系的设计与实施

1. 目标管理体系基础与目标

目标管理体系是 GCP 管理的前提和基础，是体现"全目标统一、全指标量化"的关键体系。构建目标传导机制，本着"定量指标数字化，定性指标定量化"考核的原则，将年度目标层层分解，并与班组和岗位的操作指标（产量指标、工艺指标、消耗指标）紧密结合，将企业战略目标层层分解，传递到员工、岗位，通过指标保目标，目标保战略，实现战略、目标、指标相统一。

目标管理最早于 20 世纪 50 年代由美国管理学家彼得·德鲁克提出，于 20 世纪 80 年代引入我国。德鲁克认为，目标管理是一种程序或过程，它使组织中上下级一起协商，根据组织的使命确定一定时期内组织的总目标，由此决定上下级的责任和分目标，并把这些目标作为组织经营、评估和奖励的标准。目标管理相信人的自觉性，强调人的自我管理和自我控制，希望以目标来激励员工，鼓励全员参与管理，实现管理方式由"被动"变为"主动"。目标管理有其明确的优点，如重视"人性"，有利于员工内在潜力的发挥；注重结果导向，减少对员工行为的监控，有利于组织氛围的改善，等等。然而经过实践的检验，目标管理理论脱离实践的弊端也日益显现，如对人性假设过于美好，在具体企业实践的过程中，其实施效果大打折扣；由于仅关注结果较少关注行为，导致组织内部混乱；为追求个人利益，重视短期目标实现而忽视甚至损害长期目标，等等。

为保障目标管理体系目标分解及关键绩效指标体系构建的可实施性，发挥目标管理的预设功效并克服其目前在实践过程中所显露的不足，本书在目标管理体系的设计中，以目标管理为基础，对战略管理、关键绩效指标法及平衡计分卡法进行了系统研究与分析，并依据体系特征对各理论及方法的特点和精髓进行吸收与借鉴。如依据战略管理思想，强调企业要立足于实际，着眼于长远，从战略角度指导企业目标的设计；依据关键绩效指标法，从中借鉴关键成功领域、关键绩效要素、关键绩效指标的应用；依据平衡计分卡法，关注绩效管理的战略导向，强调目标及关键绩效指标间的因果关系，认识到在管理及考核的过程中不仅要关注结果的控制与考核，也要关注过程的控制与考核。

2. 目标管理体系内容和设计

目标管理体系主要的工作内容体现在三个方面：其一，以公司战略目标为起点，充分考虑员工能力与效价，并本着最大化企业目标与员工目标相一致的原则，根据企业实际情况及实践需要将战略目标层层分解为组织目标及岗位目标；其二，依据分解得到的各级目标进行各级关键绩效指标体系的构建；其三，确定关键绩效指标评价标准，为绩效考核及绩效评定提供依据。

目标管理体系的设计首先由公司的战略入手，借助战略地图等管理工具，界定企业实现战略所要获得的目标成果，以及达成该目标成果的绩效驱动因素，并把此类因素以具有逻辑性的因果关系链的方式完整地呈现出来。具体实施为，根据各部门的职责和业务重点，在运用战略地图与逻辑树对公司目标分解的基础上，形成各部门的关键绩效指标（KPI），然后确认每个岗位的业务重点，明确该岗位的职责，界定各岗位之间、各岗位在部门之间的关联，以及各岗位在部门中的作用，将部门 KPI 分解为岗位 KPI，由此完成目标由公司传导至各级组织与岗位的流程，实现员工岗位工作与公司战略的紧密结合，加强员工工作间的关联性及关键绩效指标间的关联性，增强员工工作的目标导向。其次，根据企业内外部的具体实践情况，参照预算标准、历史标准、标杆标准、技术标准等为已建立的关键绩效指标体系确定合理的评价标准，评价标准应同时具有可实现性及挑战性，从而既能激发员工工作的信心又能激发员工的内在潜力。

3. 目标管理体系实施与运行

目标管理体系的具体实施步骤如下：

（1）分析企业战略，明确实施目标

通过建立公司战略地图，将企业的战略目标明确为各相关维度下的业务重点与策略目标。其中，业务重点是为了企业目标的达成而必须完成的重点工作任务，这些业务也称为企业的关键绩效领域（KPA）；策略目标是各项业务重点的绩效标准及关键措施。

（2）依据企业目标，确定企业 KPI

依据已经确认的策略目标及其影响因子，遵照 KPI 挑选、制定的原则，设计企业年度的关键绩效指标。关键绩效指标的选取原则包括：一是重要性，即对企业的目标完成和业务重点的影响较为重大；二是可操作性，即指标必须有明确的数据来源，以及概念和计算模型；三是可控性，即企业对指标有控制的能力；四是关联性，即指标间应具有逻辑关联。

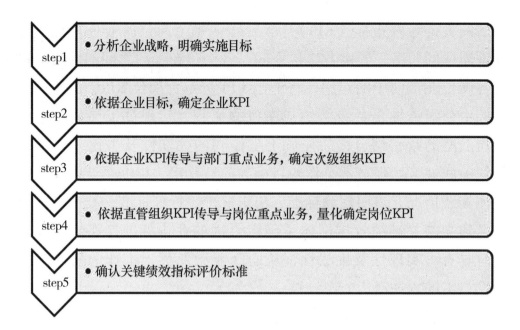

step1	●分析企业战略，明确实施目标
step2	●依据企业目标，确定企业KPI
step3	●依据企业KPI传导与部门重点业务，确定次级组织KPI
step4	●依据直管组织KPI传导与岗位重点业务，量化确定岗位KPI
step5	●确认关键绩效指标评价标准

图3-4　目标管理体系实施流程

（3）依据企业 KPI 传导与部门重点业务，确定次级组织 KPI

依据已确定的企业关键绩效指标，识别与其相匹配的绩效驱动因素并绘制逻辑型的因果关系链，按各级组织职责范围，将关系链中的各绩效驱动因素层层分解传导至主管部门、厂、车间直至班组，即完成了战略计划的目标与预算分解过程；同时，将组织业务类重点工作进行量化分析，即依据工作标准绘制管理、业务、流程类工作的标准输入与输出，明确管理的要求，最终确定各级组织的关键绩效指标，此项工作是保证职能部门目标明确性属性的基础工作与工具。

（4）依据直管组织 KPI 传导与岗位重点业务，量化确定岗位 KPI

岗位 KPI 的设计思路和方法与组织基本相同，也就是组织绩效驱动因素的分解传导。主要区别在于对于管理部门，岗位越趋向管理业务，越难与部门 KPI 直接相关联，即结果性指标相对较少，而行为性指标相对较多。因此，量化各管理岗位的行为性指标在本步骤中起着至关重要的作用。对于生产一线岗位 KPI 的确定，主要是将产品指标、操作指标、消耗指标与该岗位的控制范围相结合，进而明确岗位 KPI。

上述流程既是战略计划通过目标传导的过程指导说明，也是目标明确性属性与目标管理实现的过程。依据目标设置理论，以下将对目标传导的评价标准，也就是目标难度属性的设置过程进行介绍。

（5）确认关键绩效指标评价标准

关键绩效指标是指从哪几个方面对工作产出进行评估或衡量，是回答评估"什么"的问题；而评价标准是指各指标应达到的水平，解决的是完成多少与完成难度的问题。根据目标设置理论，在组织或个人能力可满足、对目标又有高度的承诺的条件下，任务越难，绩效越好，即绩效与目标难度水平之间存在着线性关系，是因为人们可以根据不同的任务难度来调整自己的努力程度。但班杜拉曾描述："过于容易的目标难以引起组织或个人的兴趣和努力，适当困难程度的目标可以维持较高的努力和自我效能带来的满足感，而超过组织或个人能力所能达到的目标会通过产生失望和非效能感而降低动机。"因此，评价标准设定的合理性即难度属性决定了绩效循环与激励保障的有效性。

制定评价标准的方法一般有以下四种建议：

一是预算标准，即企业经营计划和目标的分解以财务数据的形式反映，用预算标准来评价经营业绩，即用实际业绩与预算业绩相比。其优点在于通过实际业绩与预算业绩的对比差异，便于找出公司某项工作存在的不足，进而深入分析原因，制定措施；缺点在于预算标准主观性较大，不能及时与外部经营环境的变化相匹配。

二是历史标准，即采用被考核组织或个人上一年度或之前的业绩实际完成状况作为衡量标准。此方法是一种自身最优判断方法，优点是可以进行自身的纵向比较；缺点是以本公司历史数据为最优标准，存在排他性。

三是标杆标准，即选择本行业内领先公司的或者具有参考价值的其他行业的公司业绩作为本企业的绩效标准。此方法的优点在于使公司投入更多的精力于外部市场竞争；缺点在于相关数据获取的难度与获得数据的真实性较低。

四是技术标准，即企业根据行业技术标准化与工业设计所设立的衡量标准，主要包括工艺标准、设计标准、输入产出标准等。此方法的优点在于有清楚明晰的目标值；缺点在于各类标准多数为理想条件或实验室状态下，各保障因素的完全获得较为困难。

依据期望理论，在运用以上四种方法的同时，还应充分考虑被考核组织或个人的期望值。维克托·弗鲁姆提出了期望理论公式：激励力 = 期望值 × 效价，其中激励力指调动个人积极性，激发人内部潜力的强度；期望值是根据个人的经验判断达到目标的把握程度；效价则是所能达到的目标对满足个人需要的价值，他认为人总是渴求满足一定的需要并设法达到一定的目标。这个目标在尚未实现时，表现为一种期望，期望的概念就是指一个人根据以往的能力和经验，在一定的时间里希望达到目标或满足需要的一种心理活动。理论具体应用到目标评价与难度的设定应用中，适宜目标难度应是组织或员工经过努力就能完成，再努力就能超额，这才有利于调动积极性。如果难度设置过高使组织和员工失去完成的信心，就会不努力去做；太低，唾手可得，也不会努力去做。因为期望概率太高、太容易的工作会影响员工的成就感，失去目标的内在价值。

为方便读者对战略目标分解及关键绩效指标制定规则的更形象的认识，以下以神宁集团煤化工公司为例，对如何将企业目标传导为部门与员工行为的指标进行说明。

例如，公司年度的成本目标为原料煤单耗 1.68 吨/吨甲醇，目标逐层分解，气化车间的 KPI 指标为标方变换气耗煤量≤0.49 千克，班组 KPI 指标为煤浆浓度≥59%，员工的岗位 KPI 指标为有效气成分≥78%（见图 3-5）。

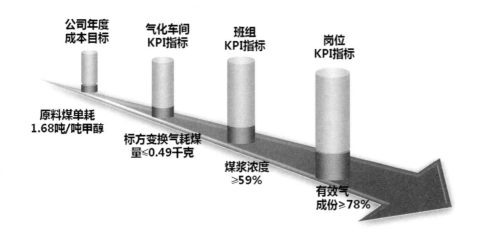

图 3 – 5　目标分解传导图

4. 目标管理体系重点与亮点

目标传导式绩效管理体系通过目标管理体系的运行实现了对战略目标的逐级分解，得到了具有实施性的公司目标、各级组织目标及岗位目标，根据对公司目标、各级组织目标及岗位目标实施需求的分析，构建了涵盖公司决策层、管理层、执行层关键指标的公司指标库。目标管理体系是目标传导式绩效管理的基础，此体系中经层级分解而得到的目标与指标是绩效评价体系中绩效计划的起点，所确定的评价标准为绩效评价体系中绩效评估提供了依据，而绩效评估所得出的结果将应用于薪酬激励体系与员工成长体系。

目标管理体系通过战略地图的应用以及对关键绩效领域和关键绩效驱动因素的分析，不仅保证了战略目标的导向作用，而且保证了目标间的因果关系，加强了目标分解过程中各目标间的相关性以及指标分解过程中各指标间的关联性。洛克与休斯在目标设置理论中提出目标设置的两个最基本的属性：目标明确度和目标难度。目标层级分解及指标层级分解是目标明确度属性的保证，目标难度则由绩效考核标准来反映，本环节应注重根据公司业务重点、策略目标以及企业资源进行合理的目标分解、指标分解并设置合理的绩效评价标准，从而保证目标明确度及目标难度的合理性，实现对目标模糊性造成的不良后果的有效规避以及充分发挥目标对员工内在潜力的激发。

二　绩效评价体系的设计与实施

1. 绩效评价体系基础与目标

绩效评价体系是 GCP 管理的手段和保障，是体现"全方位评价、全过程循环"的核心体系。主要以关键业绩指标（KPI）为依据，建立组织和岗位计分卡，依托专业化信息平台数据，按照评价程序，运用评价标准，进行组织和岗位的绩效评价，并对绩效计划的实施情况进行评估分析和优化改进，形成绩效计划、绩效实施、绩效评估、绩效改进的 PDCA 循环。

绩效管理是在对单纯的绩效考核批判的基础上建立起来的——意识到绩效考核仅关注结果而忽略了对行为过程的管理，仅关注过去的表现而忽略了对现在的计划及将来的展望，强调问题的事后解决而忽略了问题的事中及时反馈；在绩效考核中，管理者作为评判者，员工作为被评判者被动参与，管理者和员工呈现对立关系。为弥补单纯绩效考核的不足，建立绩效管理的前瞻性和战略性，实现问题的事中及时反馈和解决，提升员工的参与性及挖掘员工的工作潜力，绩效管理开始注重闭环绩效管理系统的构建，打造了包含绩效计划与指标体系构建、绩效管理过程控制、绩效考核与评估、绩效反馈与面谈以及绩效考核结果运用五个环节在内的循环绩效管理流程。

目标传导式绩效管理则在总结绩效管理本土性不够、实践性不强的基础上，以绩效管理理论为依托，从中批判性地借鉴其系统、循环的思想，将绩效评价体系视为一个 PDCA 管理过程，注重绩效评价体系各环节运行过程中的关联性及动态性，同时，绩效评价体系吸取了绩效管理实践性不强的教训，借用信息科学技术，引入信息一体化平台作为支撑，以增强绩效评价体系的自动化及透明度。

2. 绩效评价体系内容和设计

绩效评价体系是由绩效计划、绩效实施、绩效评估，绩效改进四个环节组成的一个动态的、循环的系统。绩效评价体系以绩效计划为起点，承接目标管理体系所得到的各级目标与指标，制定实现目标的行动方案；以绩效实施为重要中间过程，借助信息化平台，对工作进展和质量进行及时监控，并辅以必要的资源及指导；以绩效评估为手段，对个人绩效及组织绩效进行评定，并将评定结果反馈到绩效改进及薪酬激励体系和员工激励体系中；以绩效改进为目标保障手段，实现对绩效计划的改进并作为下一个考核评价循环的起点。绩效评价体系四个环节环环相扣，层层递进，只有将各个环节有机整合，将每一环节落到实处，才能确实发挥绩效评价体系是目标传导式绩效管理的手段和保障的作用。

绩效评价体系的设计分为五个阶段，首先以目标管理体系所得到的各级目标与指标为基础，依据各级绩效目标和绩效指标的重要性为绩效指标设置合理权重；随后，由管理层与员工共同制定实现绩效目标的行为计划；之后借助信息平台，以观察、记录和总结等方式对绩效计划的实施情况进行实时的监控与反馈，必要时提供相应的资源及指导，促使绩效计划的顺利实施；然后在考评周期内，参照既定的绩效指标与绩效标准，结合相关制度与计量模型，对部门和员工的绩效完成情况进行评价；最后通过对绩效评价的统计与分析，发现问题，并制定相应的绩效改进措施与计划，作为下一个绩效计划制定的重要组成。

3. 绩效评价体系实施与运行

绩效评价体系具体实施步骤如下：

（1）绩效计划

目标管理体系中经层级分解而得到的各级目标与指标是绩效计划的起点。绩效计划是由管理者与员工根据传导的指标与既定的标准，共同制定实现该目标的行为步骤的过程，是典型的制度经济学中契约与制度规范的应用。通常，绩效计划应包含做什么、如何做、需要做到什么程度、何时完成等，例如，最为典型的绩效计划为月度某产品的产量计划。同时，绩效计划的制定应遵循以下原则：

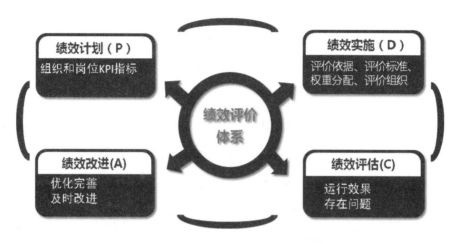

图3-6　绩效评价体系实施流程

一是制定计划前对相关信息进行收集、分析、应用。为了使部门、员工的绩效计划能够与组织的目标相结合，在制定绩效计划前，应明确计划相对应的时期的具体指标，该指标为企业目标的具体分解传导值；同时，上期计划实施中存在的问题的改进计划，也应作为当期计划的重要组成。

二是有效的沟通。绩效计划的制定是一个自下而上的对组织目标再次确认与认可的过程。在制定的过程中，通过有效的沟通，员工可明确职责、确定任务、了解到部门对自己的期望，部门了解到企业对本部门的期望，在此情况下，他们才有可能通过自己的不断努力达到期望的结果。

三是在绩效计划的制定过程中要尽量依据正式制度对计划进行相应的规范，做到有据可依。但同时还要考虑到非正式组织对绩效计划的制定及实施过程的影响，在一定的条件下，非正式组织可以起到创造和谐人际关系氛围与弥补成员之间能力差异的作用，进而促进计划的顺利完成，同时也可作为改善信息沟通的工具。

（2）绩效实施

依据制定的绩效计划所执行的绩效实施阶段是重要的中间过程，这个过程的优劣，将直接影响绩效管理的成败。绩效的实施主要是评价人基于绩效计划阶段所确定的评价依据、评价标准以及各部门绩效指标权重分配，并借助信息化系统，从而实现全天候地观察、收集各部门相关的工作活动信息，及时检验各部门工作的进展和质量，进而为各部门提供必要的资源支持与指导，辅导员工清除工作过程中的障碍，促使绩效计划的顺利实施，保证绩效目标的层层实现。其中：

评价人在绩效管理过程中一方面是方案、评估原则、方针的制定者，另一方面又是绩效管理过程的咨询顾问和支持者，同时还是整个绩效管理体系的组织者和监督者，具体表现形式可呈现为各单位的绩效管理建设领导小组。

评价依据是指由目标传导程序得到的企业总体绩效目标值、各组织绩效目标值以及各岗位绩效目标值，具体表现形式呈现为企业 KPI、各组织 KPI 以及各岗位 KPI。

评价标准是管理标准、技术标准、工作标准等的统称。其中，管理标准是指对标准化领域中需要协调统一的管理事项所制定的标准。技术标准是对标准化领域中需要协调统一的技术事项所制定的标准。工作标准是对标准化领域中需要协调统一的工作事项所制定的标准。

权重分配指的是为各部门绩效指标分配合理权重。权重分配过程主要是以目标管理体系所得到的各级目标与指标为基础，依据各级绩效目标和绩效指标的重要性采用优序图法，为绩效指标设置合理权重。

（3）绩效评估

绩效评估实施路径根据绩效评价结果的用途可以分为两个方向：

一个方向是在既定的时间内，将部门和员工的绩效目标与实际完成情况结合绩效计划进行分析、对比，以得出绩效计划完成情况，并分析实施中存在的不足与问题，其结果将主要应用于绩效改进计划的制定。另一个方向是，依据绩效评价标准与评价内容，运用设定的考评细则，对全部绩效指标进行评价与计算分值，其结果将主要应用于绩效结果与激励的联动过程。为了保证评估过程的时效性、客观性与准确性，绩效评价体系以信息化系统为评估过程的载体，以降低主观评价因素与人工操作过程，进而提升评估结果的公平与公正。

绩效评估的内容主要分为两类：对定量指标的评估和对定性指标的评估。以下将分别对定量指标评估实施流程、定性指标评估实施流程做详细的介绍。

定量指标评估实施流程：对定量指标的考评，本着"定量指标自动考评"的原则，充分利用信息化手段，尽量实现定量指标的信息化自动获取、自动考评。对于不能从其他信息系统直接获取数据的指标，通过上传专业报表等形式提供数据来源。借助信息化建设成果和信息化手段的应用，有效杜绝人为因素，以保障考核的公平性和公正性。

定性指标评估实施流程：定性指标的定量化考核过程即将行为性指标量化是确定组织与个人绩效的关键步骤，是保障目标设置明确度属性的有效工具。洛克提出明确的目标可使目标接受人更清楚要怎么做、付出什么程度的努力才能达到目标。另外，目标的明确与否对绩效的变化也有影响。也就是说，完成明确目标的绩效变化很小，而目标模糊的被试绩效变化则很大。这是因为模糊目标的不确定性容易产生多种可能的结果。因此，定性指标的量化方法对目标管理体系的设计尤为重要。

定性指标的定量化考核一般采用两种方法：将管理业务与行为的工作定量化和指标评价过程的定量化。两种方法并行不悖、相辅相成。

工作定量化就是将过去习惯于用文字描述的各类管理行为的职责和任务，通过细化分解，确定该项管理行为的标准输出痕迹与目的要求标准，或明确该项任务完成路径的重要时间节点，即通过对管理痕迹、输出效果与完成时限完成了管理行为的定量化。指标评价过程的定量化首先应遵循避免笼统与模糊的思维；随后，将某个定性指标通过工作程序分化为对其具有关键作用的几个维度例如时间、质量、周期；最后，针对每一个考核维度，尽量用数据和事实来制定明确和具体的考核标准，做到事前计划、过程跟踪、事后考核。

为便于对定性指标定量化转换的理解，以下介绍指标量化所采用的几种方法：

一是统计结果量化方法：按照任务完成后的状况，直接给出数字化的任务结果，如次数、频率等量化指标。二是目标达成情况量化方法：是指将完成任务后的结果与事先期望目标进行比较，得出可衡量的目标与实际差异结果的方法，量化指标包括计划达成率、目标实现率、落实率等。三是分段赋值量化方法：是指将不同程度水平的任务达成或行为表现情况进行区间赋值，通过对应区间直接找出考核结果分值的一种计量方法。四是余额控制量化方法：是指完成任务后余下的额度所代表的工作价值的一种计量方法，如预算余额控制率、应收账款余额控制率。五是分段评价方法：是指在优劣比例确认的情况下将完成任务中把不同情况强制排名次的一种方法。六是行为锚定量化方法：是指将完成任务中不同的行为定义不同的水平刻度的一种计量方法，把定性的事情通过行为刻度给出结果的分值，直观反映部门/员工间的行为差距，在比较中得出学习标杆。七是时间维度量化方法：是指企业从时间维度（即时效性）实现考核指标量化，如完成时间、批准时间、开始时间、最早开始时间、最迟开始时间、最早结束时间、最迟结束时间、期限天数、及时性、进度、周期等考核指标。时间量化使用较多的方法为进度量化，是指完成任务过程中对事态发展（时间阶段）进行控制的一种计量方法，通过计算特定时间与行为之间的因果关系给出结果的分值。八是行动维度量化方法：是指从分析完成某项结果出发，明确需采取的行动，并对各项需采取的行动设置考核指标的一种方法。

（4）绩效改进

绩效改进是绩效循环中重要的实施要素，既是绩效计划制定的修正因素，又是目标实现的保障手段。在体系实施过程中，根据绩效评估的结果，从组织和员工个人两方面分别追溯并分析造成绩效计划障碍的各种因素，然后针对根本原因，对症下药，从而为制定下一循环的改进计划提供有效依据，形成目标与改进过程的螺旋式上升，以此来实现企业目标。

4. 绩效评价体系重点与亮点

绩效评价体系作为目标传导式绩效管理系统的核心体系，以目标管理体系实施的结果为起点，通过绩效计划、绩效实施、绩效评估、绩效改进四个环节的循环实施，完成对个人绩效、组织绩效及企业绩效的考核，并将考核结果应用于绩效改进及后续薪酬激励体系和员工成长体系中。

绩效评价体系四环节的存在充分体现了绩效评价体系的完整性及动态性，信息一体化平台的引入，实现了绩效评价体系的智能化及自动化，为目标传导式绩效管理的全要素整合、全过程控制及全过程评价提供了强有力的技术支撑，大大降低了信息收集、整合、监控和反馈的人力成本、时间成本及财务成本，并降低了考核评价过程中的出错率，提升了考核评价的效率。绩效评估环节实施过程对定性指标的定量化考核方法的运用，保障了目标设置明确性的最大化，有效降低了目标模糊性对绩效考评的负面影响，增强了绩效评价体系的实践性及操作性。需要注意的是，在绩效评价体系的整个实施过程中，应加强沟通意识，注重各级之间的有效沟通，让员工参与到绩效计划的制定过程中，增加绩效计划的可行性，帮助组织及员工对组织目标、岗位目标、自身职责和企业发展方向有一个清晰的了解，注重在得到反馈后对问题的及时解决。此外，应制定相关制度对绩效评价体系的流程进行规范化，从而保障绩效评价体系实施的流畅度。

三　薪酬激励体系的设计与实施

1. 薪酬激励体系基础与目标

薪酬激励体系是目标传导式绩效管理的反映和杠杆，是体现"责权利相统一、激励与约束并重"的重要体系。主要依据绩效评价结果、组织和岗位调节系数设置，建立薪酬分配数学模型，形成自下而上的绩效统计和自上而下的薪酬兑现的激励体系。

依据薪酬管理相关理论可知，合理的薪酬设置是有效地调动员工的积极性、激发员工的工作动力、传递企业目标和管理者意图、吸引人才和保留人才的有效途径。而企业在进行薪酬管理的过程中，除应当遵循经济性原则及合法性原则外，为保障薪酬管理充分地发挥其功效并服务于企业战略，还应当注重遵循公平性原则及战略性原则。公平包含分配公平、过程公平及机会公平，是薪酬管理的基础，员工只有在感知薪酬管理公平的前提下，才会产生对薪酬分配的认同感及满意度，薪酬管理才能发挥其功效。遵循战略性原则即要求企业在进行薪酬管理设计及实施的过程中，应充分关注企业的战略需求，保障薪酬结构、薪酬政策及薪酬制度的制定，能够反映企业战略需求，从而促进企业与员工的共赢发展。

薪酬激励体系以薪酬管理的系统知识为基础，从工资差别理论、工资决定理论、工资分配理论、薪酬激励理论、战略薪酬等理论中借鉴思想，以期最大化地发挥薪酬体系对员工行为的调节及激励作用，并最大化地发挥薪酬助力实现企业战略的功效。

2. 薪酬激励体系内容和设计

薪酬激励体系主要进行两方面的工作：第一，绩效评价的统计。

具体来说，即采用计分制，实行绩效分值自下而上的统计，从而得到各岗位、各组织以及企业的总体绩效得分。第二，薪酬分配。即建立自上而下的薪酬分配数学模型，并运用绩效调节系数来获得奖金分配公平性的最大化，从而充分发挥激励薪酬对员工的激励作用，提高薪酬分配过程中员工的薪酬感知公平度，并依据考评结果，运用奖金分配方案，完成对奖金的分配。

薪酬激励体系的设计，首先，根据对各组织及各岗位的综合分析，设置具有绩效调节作用的组织调节系数及岗位调节系数。其次，基于员工岗位基准分值和组织考核分值，结合组织调节系数及岗位调节系数的运用，实现对组织绩效的考核，并经过汇总得到企业总体绩效。再次，基于企业总奖励金额和企业总体绩效，得到企业每分奖励金额，并据此算出各个组织奖励金额。最后，基于组织奖励金额和组织内各个员工绩效，得出组织内每个分值奖励金额及各个员工的奖励金额。企业自下而上的绩效分值统计和自上而下的薪酬分配体系一方面可以充分发挥各级组织管理的主观能动性，另一方面也可以充分调动基层员工的积极性，通过薪酬与绩效挂钩，将考核结果兑现年薪、岗位定级、奖金分配，通过个人利益、组织利益及企业利益的有机结合，实现战略绩效、组织绩效和个人绩效的有机统一。

3. 薪酬激励体系实施与运行

（1）确定薪酬体系

依据强化理论，薪酬激励是最为典型的强化物，也是最为直接、明确的激励标的。然而，依据双因素理论，不是所有的需要得到满足就能激励起人们的积极性，只有激励因素才能够给人们带来满意感，而保健因素只能消除人们的不满，但不会带来满意感，基本不具有激励的作用。明茨伯格同时强调如果把某些激励因素，如部分奖金变成保健因素，或任意扩大保健因素，都会降低一个人在工作中所得到的内在满足，引起内部动机的萎缩，从而导致个人工作积极性的降低。

因此，对薪酬体系的设计首先应区分两因素下各自对应的薪酬，即保健因素下的薪酬如基本工资等将不与考核结果挂钩，激励因素下的薪酬如效益奖金等将与考核结果紧密挂钩；随后，参考部门职能、岗位层级与职责、激励需求、薪酬等级等影响因素，划分各部门与岗位总薪酬中双因素对应薪酬的各自比例；最后，依据岗位层级的不同，分别设计相适应的绩效兑现比例。例如，公司领导班子成员将依据考核等次与绩效年薪挂钩。年度考核被评定为基本称职以上等次的领导人员，绩效年薪按企业核定数额全额兑现；年度考核被评定为不称职等次的领导人员，绩效年薪按核定数额的80%兑现。

（2）薪酬分配

亚当斯认为职工的积极性取决于他所感受的薪酬分配上的公正程度。然而，在绩效管理实践中，较高的目标设置一般更易激起较高的绩效，但却可能降低激励因素所带来的满意感，使被考核部门或个人有不公平的感觉，进而弱化奖金等激励标的作用。例如，各企业普遍存在着鞭打快牛的现象，即承担着较多传导目标且完成难度大的部门，因考核指标多，扣分点分布广，比较容易产生考核扣分；而工作任务相对较少的部门，因扣分点分布少，而比较容易在考核中获取较高的分值与排名，此现象造成了考核不公问题的出现，直接造成高目标组织或个人的不公感上升与满意度下降，甚至导致考核的激励作用局部失效。因此，为保障激励效用的最大化实现，促进形成公平、公正的分配机制，解决薪酬感知分配不均的问题，本体系设计了具有调节功能的薪酬分配数学模型。

薪酬分配的具体实施原则如下：

· 年薪：领导班子年度评价及年薪与绩效得分挂钩。

领导班子评价得分 = 单位绩效得分 ×30% + 民主测评 ×50% +

员工满意度调查×10％＋考核组评价×10％

领导班子成员评价得分＝单位绩效得分×30％＋民主测评×50％＋员工满意度调查×10％＋考核组评价×10％

个人年薪＝绩效奖金×评价得分/100

· 基础工资：基础工资定岗定级与绩效得分挂钩。

根据员工个人的绩效得分、基本素质和实际业务能力综合评价，确定岗位工作定级。每个岗位岗档又分为不同级别。生产操作及服务人员的各岗位岗档设五个级别，其中，一级人数比例为20％—70％，二级人数比例为30％—40％，三级人数比例为20％—30％，四级人数比例为15％，五级人数比例为5％；管理及技术人员的各岗位岗档设四个级别，其中，一级人数比例为25％，二级人数比例为40％，三级人数比例为30％，四级人数比例为5％。

· 绩效工资。

一是组织和岗位调节系数设置。

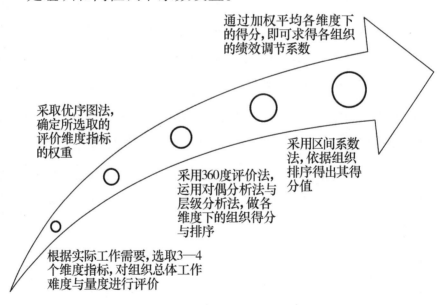

图3-7　组织调节系数的计算流程

①根据实际工作需要，选取3—4个维度指标，以对部门总体工作难度与量度进行评价。

②采用优序图法，确定所选取的评价维度指标的权重，其中优序图法是确定目标、指标或工作职责权重的一种方法，其原理是通过对多个指标或目标进行两两相比较，最后给出重要性次序或优先次序。

③采用360度评价法，由各层级人员运用对偶分析法与层级分析法，做各维度下的部门排序。对偶分析法是将所有单位逐一配对两两进行比较，再根据两单位任务难度的大小，按差异层级取得相对应的分值，最终根据全部对比完成后的得分值的和值来进行排序的一种方法，其优点是排序结果更为准确。

④采用区间系数法，依据部门排序得出其得分值。

⑤求和各维度的权重加权其部门分值的得分，即为该部门的绩效调节系数。

岗位系数的设置与组织调节系数的设置方法基本一致。首先，采用360度评价法，由各层级人员运用对偶分析法与层级分析法，做各岗位的对比得分排序；然后，采用区间系数法，依据岗位排序得出其对应分值，即为该岗位的系数。

以上通过组织调节系数及岗位调节系数的应用，即可维持绩效考评过程的严肃性，同时又体现了考评结果运用的合理性与公平性，最大限度地减少了传导目标较多的部门的怨言。

二是绩效分值统计及薪酬分配数学模型。

设定：

企业绩效考评总分值：CS；

岗位基准分值：ES_s；员工考核分值：ES_p；员工绩效分值：ES_a；

组织考核分值：OS_p（百分制）；组织绩效总分值：OS；

岗位系数：K_j；组织调节系数：K_o；

总奖金额：S_s；整体每分奖金额：S_a；组织内每分奖金额：S_i；

组织奖金额：S_o；员工奖金额：S_e。

则在绩效的统计上：

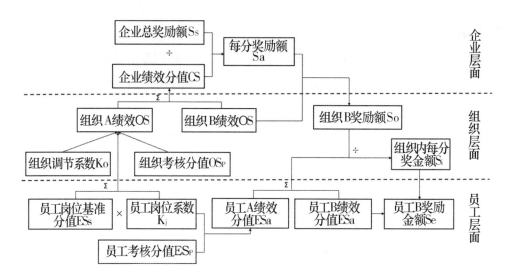

图 3 – 8　薪酬分配实施流程

组织绩效总分值 OS，由组织调节系数 K_o、百分制的组织考核分值 OS_p 以及该组织所有员工的岗位基准分值 ES_s 加总相乘得到。

$$OS = Ko \times OSp/100 \times \sum_{k=i}^{n} (ES_S \times K_j) \tag{1}$$

企业绩效考评总分值为 CS，由所有组织绩效总分值加总得到。

$$CS = \sum_{k=i}^{n} OS = \sum_{k=i}^{n} \left[Ko \times OS_P/100 \times \sum_{k=i}^{n} (ES_S \times K_j) \right] \tag{2}$$

在薪酬兑现上，每分奖金额 S_a 是由总奖金额 S_s 除以企业绩效考评总分值 CS。

$$Sa = S_S \div CS \tag{3}$$

组织奖金额为 S_o，由每分奖金额乘以组织绩效总分值得到。

$$S_O = Sa \times OS = Sa \times K_O \times OS_P/100 \times \sum_{k=i}^{n} (ES_S \times K_j) \tag{4}$$

员工的绩效分值 ES_a，由岗位系数 K_j 和员工考核分值相乘 ES_p 得到。

$$ESa = K_j \times ES_P \tag{5}$$

某组织内每分奖金额 S_i 为组织奖金额除以组织内所有员工的绩效分值得到。

目标传导式绩效管理

$$S_i = S_O \div \sum_{k=i}^{n} ESa = S_O \div \sum_{k=i}^{n} (K_j \times ES_P) \qquad (6)$$

员工奖金额 S_e 为组织内每分奖金额乘以个人绩效分值得到。

$$Se = S_i \times ESa = S_i \times (K_j \times ES_P) \qquad (7)$$

4. 薪酬激励体系重点与亮点

薪酬激励体系是目标传导式绩效管理的反映和杠杆，薪酬体系、薪酬政策及薪酬制度的合理设置能有效地放大目标传导式绩效管理的功效，促进企业人力资源的优化，促进企业发展战略的实现，实现员工与企业的和谐共赢发展。

本体系中，由基本薪酬、激励薪酬、福利薪酬组成的薪酬结构有效地克服了传统薪酬分配灵活性及激励度不够、对员工岗位行政级别依赖过高的缺点，有助于引导员工注重对个人核心技能的提高；而组织调节系数及岗位调节系数的设置，合理且有效地拉开了员工间的薪酬差距，体现了对员工劳动价值的充分尊重，能有效减轻企业绩效管理中员工感知薪酬分配不公的问题，极大地提升了薪酬对员工的激励作用，有助于薪酬效用最大化的实现。

需要指出的是，在对薪酬水平进行设置时，应既注重薪酬的内部一致性，又注重薪酬的外部一致性。且薪酬激励体系不是一成不变的，它是一个动态可改进的过程，在薪酬激励体系的实施过程中，管理者应注重与员工的沟通，充分关注员工的动态与反馈，并从目标传导式绩效管理"四体系、一平台"的其他环节收集相应的信息反馈，做到对体系设计的合理性和有效性进行及时的评价，对薪酬政策、薪酬制度等进行及时的改进或完善。

四 员工成长体系的设计与实施

1. 员工成长体系基础与目标

员工成长体系是目标传导式绩效管理的目的和延展，是体现

"价值贡献、和谐共赢"的关键体系。主要是通过员工职业生涯规划，以员工绩效档案为核心，建立员工评价模型，为员工成长和人才培养提供主要依据。

职业生涯管理主要包含职业生涯目标的设定，员工与组织的配合、选用、员工绩效评估、职业生涯发展评估、工作与职业生涯调适以及职业生涯发展六项任务。目标传导式绩效管理借鉴职业生涯管理相关理论，并结合战略管理，制定了包含员工绩效档案、员工评价体系、员工职业生涯规划在内的员工成长体系。依据职业生涯管理，企业在帮助员工制定职业生涯规划时，应注重了解员工个人性格特征、智能、潜能、心态和价值观，并充分尊重员工意愿，员工绩效档案以此思想为基础，为企业认知员工提供了充分的依据。依据职业生涯管理，员工会根据自身所获得的评价，调整自身的行为，并通过将获得的评价与自我认知或自我期望相比，来感知工作满意度。公正的评价能起到对员工行为改变的激励作用，增加员工对工作的满意度以及对企业的忠诚度，合理的员工评价体系可以为员工提供公正的评价，是员工职业生涯规划的基础。职业生涯管理强调应设定合理程序保证员工职业生涯规划的实施，员工成长体系中通过职业定位、目标设定及通道设计，对此要求进行了呼应。将职业生涯管理与战略管理结合起来考虑可知，在对员工进行职业生涯规划设计的过程中，除注重员工自身特征及发展需要外，还应注重员工生涯规划对企业战略目标的反映。

2. 员工成长体系内容和设计

员工成长体系由员工绩效档案、员工评价体系、员工职业生涯规划三部分组成。员工绩效档案将充分反映和体现员工日常工作情况和业绩，结合胜任能力素质模型、情景模拟等人力资源工具，为员工成长提供重要、可靠的参考依据。员工评价体系是在员工绩效档案的基础上，对员工品格、业绩、能力、学历背景等的综合评价。员工职业生涯规划则以员工绩效档案、员工评价体系为基础，从服务于企业战略目标、实现企业与员工和谐发展的角度，进行职业定位、目标设定及员工职业通道设计。

员工成长体系设计以建立员工绩效档案为核心，其核心工作在于对员工绩效档案的建立与有效应用，通过将考核评价结果与员工升迁晋级、岗位定级、评先选优挂钩，进而实现员工职业生涯规划和建立员工成长阶梯的目的，以期从人力资本增值的角度实现企业价值最大化。其中，员工绩效档案的建立是以绩效考评结果为依据，通过对员工月度平均绩效成绩及年度获奖、创新和处罚情况的整合最终得到员工年度绩效得分并以此形成绩效档案；员工评价体系以员工绩效档案为基础并辅以人员测评，竞聘与评定，实现对员工的全面评价，其评价结果可被延伸应用于劳动力管理、评先及评优、劳动力合同管理以及人才职业通道上升中；员工职业生涯规划通过对职业定位、目标设定、通道设计的合理设置及对员工绩效档案和员工评价结果的合理利用，实现既能发挥员工潜力又能促进企业发展的员工职业规划。

3. 员工成长体系实施与运行

（1）员工绩效档案

员工绩效档案是一个关于员工工作目标和标准的契约，是绩效计划的最终表现形式，记录了员工培训、升迁、奖励和惩罚等相关情况，是员工评价的重要依据之一。绩效档案以员工月度平均绩效成绩为年度绩效基准分，根据年度获奖、创新和处罚情况如个人表彰、论文发表、专利获取等进行 0.5—5 分区间内的加减分，最终形成员工的年度绩效得分并记录形成绩效档案。绩效档案全面应用于员工绩效评价的各个环节，最终与职业生涯发展相结合。在绩效档案的应用过程中，针对不同单位间评价尺度无法统一的问题，将对绩效档案得分进行分值标准化调节。例如，单位总人员的 10% 设为一级区间赋值 100 分，单位总人员的 40% 为二级区间赋值 95 分，单位总人员的 40% 为三级区间赋值 90 分，单位总人员的 10% 为四级区间赋值 85 分，此种间接应用的方法可以更为客观地反映横向对比结果。

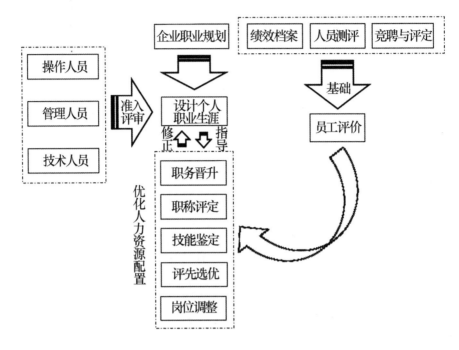

图 3-9　员工成长体系实施流程

（2）员工评价体系

有效的员工评价体系是社会比较理论的典型演绎与必须工具。亚当斯提出当一个人作出了成绩并取得了激励回报后，他不仅关心自己所得回报的绝对量，同时关心回报的相对量，即与组织内他人的对比。因此，员工将会进行种种比较来确定自己所获回报是否合理，比较的结果将直接影响今后工作的积极性。因此，作为员工个人最为重要的激励标的物的职业生涯规划通道层级晋升，必须配有公平有效的个人综合评价方法作为横向比较媒介，以避免激励比较带来的负面影响。

员工评价体系是对员工品格、业绩、能力、学历背景等进行综合评价的过程，其评价的结果将直接应用于职业通道晋升与评先选优中。本研究设计的员工评价体系主要由三部分组成，分别是员工绩效档案、人员测评、竞聘与评定。其中绩效档案是员工评价的核心内容，具有真实反映员工业绩与能力的功能；人员测评是以信息化系统为平台实施，采用自评、360度关联评价、胜任素质模型等方法，通过多个评价与时间维度，获得员工品格、能力、业绩等各方面综合的评价得分；竞聘与评定过程则本着程序公正、过程公开、结果公平的原则，通过灵活运用各种竞聘方式来充分考察员工在竞聘岗位上的胜任力。除了运用笔试、情景模拟问答题、演讲与面试、组织考察测评等通用方式对竞聘人员进行评定外，还依据竞聘岗位特性有针对性地对竞聘人员实施考察。例如，针对管理人员，采用管理游戏、角色扮演等方式，侧重对其战略思考能力、组织协调能力、沟通能力、决策能力的考察；针对技术人员，采用案例分析、无领导小组讨论等方式，侧重对其业务专业知识、工作条理性、团队意识的考察；针对操作人员，采用现场实操测试的方式，侧重对其岗位实施操作能力的考察。

员工评价体系具体应用于以下几个方面：

一是三类人才职业通道上升中，分别是管理人员的职务晋升依据由员工绩效档案、测评得分、竞聘得分组成；专业技术人员职称评定与技术职务评审由员工绩效档案、测评得分、业务评定组成；操作人员岗位定级与技能评级由绩效档案、测评得分、技能评定组成。

二是劳动力管理中，例如操作岗位员工，连续两年个人绩效档案得分低于85分者，主操降为副操，副操降为一般操作人员，其岗位工资相应下浮一级；工程技术岗位人员，连续两年个人绩效档案得分低于85分者，将调整至操作岗位工作。

三是评先、选优时，评定对象在本部门上年度考核成绩必须排名前三，并且个人绩效档案得分不低于85分。

四是劳动合同管理中，劳动合同到期人员续签合同时，除岗位需要外，合同期内绩效档案得分必须在85分及以上，方可续订合同，否则，终止劳动合同；劳动合同试用期内，个人绩效档案得分低于 85 分者，终止劳动合同。

（3）员工职业生涯规划

职业生涯规划不仅是个人对自己进行的个体生涯规划，更为重要的是企业对其员工进行的职业规划管理。科学的职业生涯管理将改变传统绩效管理中管理者与员工的角色，管理者由监督者转变为辅导员，员工由被监督者转变为自我绩效的管理者；同时，将绩效管理中个人的目标值与职业生涯规划形成阶段性切点，可以充分发挥员工的潜能与激励作用，从人力资本增值的角度达成企业价值最大化。

通常职业规划由职业定位、目标设定和通道设计三个要素构成，企业通过企业文化、制度体系等外部因素进行辅导，再辅以按照员工职业锚、能力和公司发展需要相结合的培训发展计划，充分挖掘其潜力，进而达到共同发展的双赢目的。企业应从以下几个方面对员工职业生涯规划进行指导与辅导：一是掌握员工的发展规划，将个人规划的阶段目标与企业目标相切入与融合，既可降低企业传导目标与员工满意度负相关的效应，也有利于选择自我实现感强烈的员工。二是有计划地以培训进修、轮岗锻炼、工作加压等手段帮助员工进行职业能力的提升，以目标管理体系中的目标设置形成员工的自我效能作用，让员工在企业为其创造的舞台上施展才华。在员工职业生涯过程中，企业通过有效培训提升员工的职业安全感和工作能力，将利用员工能力转变为开发员工潜能。三是建立员工职业通道，以完善的管理制度和管理体系为员工提供工作机会和发展阶梯的必要保障。企业首先应当调整思维，明确员工的职位升迁不是企业对员工的酬谢或赏赐，而是双方共同的目标。目前很多企业在设置管理职位的同时会留有充裕的、平行的非管理职位，以避免员工职业通路的堵塞，使每位员工都有为实现自我价值而工作的动力。

神宁集团结合自身的实际情况，首先从企业的角度明确了三类职业定位，即管理人员、技术人员、操作人员；随后，依据三类职业定位分别设计并实施了相对应的职业通道：管理人员职业通道为管理岗位系列，分别为一般管理、专责/副科（副主任）、一级专责/正科（主任）、副部长、部长等；技术人员职业通道为9个专业技术职务，分别为四级师、三级师、二级师、一级师、专家、高级专家、神宁集团专家、神宁集团高级专家、神宁集团首席专家，各级职务对应相应的专业技术的岗位系列；操作人员职业通道为8个职业技能等级，包括初级技工、中级技工、高级技工、三级技能师、二级技能师、一级技能师、技能大师、首席技能大师。

4. 员工成长体系重点与亮点

员工成长体系是绩效管理考核评价结果应用高级形式的体现，企业的发展最终归结于人才的发展，企业间的竞争最终体现在人才的竞争，企业如何在吸引人才及留住人才方面更具有吸引力，是企业处于竞争优势的一个制胜点。员工成长体系的建立，充分体现了企业对人才的重视以及以人为本的思想，有助于调动绩效管理对提升绩效的杠杆作用，是企业吸引人才及留住人才的一大优势所在。

传统绩效管理中，绩效考评结果虽然也被广泛应用于员工评奖评优、职位晋升，但是在传统绩效管理中，绩效考评结果在员工发展方面的应用并不具有长远性及系统性，在企业追求自身发展的过程中，忽视员工发展的现象普遍存在。员工成长体系通过员工绩效档案、员工评价及员工职业生涯规划的建立，不仅为员工的发展提供了系统的保障，还为企业的发展建立了全面的人才资源库，从而在调动员工积极性和参与感的同时，也为企业的长远发展做了铺垫，有效地保障了员工目标与企业目标的统一。需要指出的是，员工绩效档案对员工成长体系的建立起着至关重要的作用，其既是员工成长体系建立的起点也是员工成长体系得以运行的基础，因此，在建立员工绩效档案的过程中要确保绩效档案的完整性及准确性。且员工成长体系与员工的职业上升和长远发展息息相关，与员工利益联系紧密，从其所拥有的这些特性，可预测其实施推行具有敏感性高及阻力大的特点，因此，为确保员工成长体系的顺利运行，高层管理人员对此体系的权力支持及此体系实施过程中的全员监督至关重要。

五 绩效管理一体化平台的设计与实施

1. 绩效管理一体化平台基础与目标

绩效管理一体化信息平台是以大数据挖掘、云计算分析为载体的信息化平台，通过异构系统集成，跨业务网络协同，全面承载GCP管理模式，强化目标传导机制，细化绩效循环力度，实现绩效管理的数字化、智能化。

在传统绩效管理系统中，信息技术被采用以提升绩效管理的效率及自动化，但受限于当时科学技术发展水平及传统绩效管理理念，信息技术在绩效管理系统中发挥的功效十分有限，其价值与潜力并未获得充分的挖掘。然而，目前移动互联网的出现以及智能化信息技术的快速演进与发展，在技术层面上，为绩效一体化信息平台的建立营造了充足的技术背景，提供了强大的技术支撑。在理论层面上，绩效一体化信息平台充分借鉴信息经济学与计量经济学相关的理论与方法，主张依靠信息技术并运用相关的计量模型来解决信息采集工作量大、信息处理不准确、信息传递不对称以及信息反馈不及时的问题，从而实现绩效管理过程与绩效管理一体化平台的无缝链接。

2. 绩效管理一体化平台内容和设计

目标传导式绩效管理的特性要求绩效管理一体化平台应能满足目标管理体系、绩效评价体系、薪酬激励体系及员工成长体系的协同要求，并具有业务整合及业务协同、精细化管理及核算、标准化管理输出能力以及以目标为牵引、结果为导向的统筹规划和计划分解能力。为满足目标传导式绩效管理的特性需求，绩效管理一体化信息平台的设计应具有灵活适应、横向协同、纵向管控以及有效集成的特点。

绩效管理一体化信息平台以信息网络技术为依托，综合安全类信息系统、生产类信息系统、经营类信息系统、党建类信息系统等，通过信息系统的数据自动获取、智能分析，建设全要素集成、全过程跟踪、全天候评价的信息化平台。信息平台通过与其他各平台建立的接口，按需要在不同的时间频率点采集指标数据，并对数据进行处理与分析，随后向平台使用人员实时展示，以改进内部信息不对称的问题，同时，通过让各部门及时掌握其绩效目标的完成情况，并对其绩效计划与实施进行及时地调整，进而增加绩效循环的频次，以保障绩效目标的完成。

3. 绩效管理一体化平台实施与运行

神宁集团以四大体系为主线，11 个信息化系统为数据提取源，建设了由组织绩效指标模型、岗位绩效指标模型、集成技术模型、任务量化考核模型、绩效分析模型、全员奖金兑现模型和员工成长模型等七大模型所构成的绩效管理一体化平台，确保了目标传导式绩效管理的有效落地。本部分以神宁集团煤制油板块绩效管理一体化平台的实施及运行为例，对绩效管理一体化平台的运行机制进行阐述。

神宁集团煤制油板块绩效管理一体化平台的实施过程如下：

首先将一体化绩效信息平台与本安信息化管理系统、生产实时数据库（PI）系统、实验室信息（LIMS）系统、综合管理系统、项目管理系统、知识管理系统、操作培训系统、巡检定位跟踪系统、污水在线监测系统、党建信息化系统、全面预算管理系统等信息系统进行接口连接构建。随后，分别建立了接口代理服务器（IOS）、单元核算（UCS）、矩阵数据源（ADS）、日清日结（OEC）、任务督办（TPC）、工作量化（WQC）、满意度测评（FQC）、对标分析（PAS）八个功能模块，进而实现了 25 类定量指标的自动获取和考评。其中，最为重要的可以完成温度、压力、液位、设备转速等生产情况实时数据监控的实时数据库系统（PI），将每5分钟向绩效平台传输一次实时数据；实现化验分析数据及采样点合格率监测功能的实验室信息系统（LIMS），将每2小时向绩效平台传输一次实时数据；实现安全保障功能的本安信息化系统、实现巡检保障的巡检定位系统、实现环保保障的污水在线系统，均每天向绩效平台传输一次实时数据。最后，通过一体化平台的单元核算、矩阵数据源、日清日结等功能对接收到的数据进行处理与加工分析，将加工后的附有数据指向性的信息向平台使用人员实时展示，真正地实现了全过程跟踪的功能，即对内部信息进行了分析、研究、利用，保证各要素对信息的有效、及时利用。同时，任务督办、工作量化、对标分析模块是典型的控制论实施方式，通过信息平台对重点工作与计划的分解督办形成了工作任务的实时发布系统，使管理系统中的任务接收人必须按时汇报工作的完成情况，明显强化了控制系统，使全部重点工作纳入控制，真正地实现了全天候评价的功能。

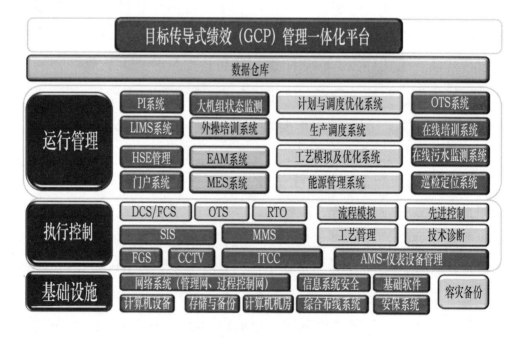

图3－10　绩效管理一体化信息平台

4. 绩效管理一体化平台重点与亮点

绩效管理一体化平台的构建是对以大数据、信息化为载体的管理方法的创新，通过系统集成、网络协同，借助数据信息整合，在对员工实现绩效考核的同时，让数据的价值最大化地被企业挖掘使用。

绩效管理一体化平台作为目标传导式绩效管理的载体，与目标管理体系、绩效评价体系、薪酬激励体系及员工成长体系紧密联系。目标管理体系、绩效评价体系、薪酬激励体系及员工成长体系将绩效管理一体化平台视为运行工具，从而提高各体系运行过程的自动化及效率，而目标管理体系、绩效评价体系、薪酬激励体系及员工成长体系又是绩效管理一体化平台的信息来源及监控对象，绩效管理一体化平台的存在有助于保障目标管理体系、绩效评价体系、薪酬激励体系及员工成长体系运行过程的公开性及透明度。传统绩效管理的实践中，经常由于信息收集、传递成本高，企业内部信息不对称问题而导致绩效管理不能发挥预期功效，甚至削弱员工动力。目标传导式绩效管理系统通过绩效管理一体化平台的建立，有效地规避了传统绩效管理中信息传递成本高、传递效率低的问题，为目标传导式绩效管理实现"全指标量化、全员性参与、全要素集成、全过程控制、全天候评价、全方位激励"的理念提供了稳固的技术保障。

第四节　目标传导式绩效管理运行机制

一　目标传导式绩效管理实施的必要条件

1. 明确的战略目标

目标传导式绩效管理强调以战略为引领，以目标管理为导向，由此可知，明确的战略目标是目标传导式绩效管理实施的起点。战略目标是企业使命及愿景的体现，为企业的长远发展指明方向，具有全面性、长期性及相对稳定性。在企业的运行过程中，为实现短期目标而不顾长期目标，为取得局部或个人利益而损害整体利益的现象时有发生，明确的战略目标有助于企业在运行过程中更关注长期目标而不是短期目标的实现，更关注整体利益而不是局部利益的获取。

在目标传导式绩效管理实施之前，企业应结合现实状况，对企业所处的内部环境及外部环境进行客观系统地分析，从而确定自己的战略目标，或对已有战略目标的合理性及可行性进行评估。需要注意的是，企业在制定战略目标时，应保证战略目标的明确度。目标传导式绩效管理的核心内涵为目标传导，通过目标传导技术将战略目标依次分解传递得到公司目标、组织目标及岗位目标，所得到的公司目标、组织目标及岗位目标又将持续且显著地影响着绩效评价体系、薪酬激励体系、员工成长体系的运行结果。由目标传导式绩效管理的目标传导路径可看出，如果企业没有明确的战略目标，那么获取的公司目标、组织目标及岗位目标都将呈现模糊的状态，目标传导式绩效管理的核心作用将失去功效，目标传导式绩效管理的实施将不能正常进行。

2. 强有力的领导支持

目标传导式绩效管理具有一定的创新性，有助于克服传统绩效管理中动态性及时效性差、定性指标不易考评、目标传导性弱、不能做到全过程及全天候跟踪的弱点，具有一定的实践性及动态实时性，有助于增加绩效管理过程的公开透明性，提升员工的参与感。然而目标传导式绩效管理体系涉及的理论众多，需要有先进的信息技术的支撑，且在其实施过程中有可能会受到某些追求组织利益最大化的组织或个人利益最大化的个人的阻挠，由此可知，目标传导式绩效管理无论是在建立方面还是实施方面都具有一定的难度。然而领导者的支持可以坚定推行目标传导式绩效管理的信心，减弱目标传导式绩效管理的阻挠，且可以为目标传导式绩效管理的推行提供必需的人力、物力和财力支撑，因此，为了促使目标传导式绩效管理的顺利实施，强有力的领导支持必不可少。

除了提供必需的人力、物力和财力支撑，强有力的领导支持还应当包括对目标传导式绩效管理理念内涵普及和宣传的支持。人们对未知的事物通常比较谨慎，大部分人会持观望的态度，还有一部分人可能会由于未知而有惧怕感，在不了解一个新事物的状况下，为避免进入陌生领域，就对这个新事物不加辨别地否定。为了避免此种现象的存在，企业的领导者应该在企业内对目标传导式绩效管理理念内涵进行普及和宣传，帮助员工了解推行目标传导式绩效管理的目的、益处，以及目标传导式绩效管理的运行机制，从而提升员工对目标传导式绩效管理的参与感及认同感，减少推行目标传导式绩效管理的阻力。

3. 先进的信息技术

信息技术的快速发展引领我们进入移动互联网时代，随着移动互联网的快速发展，业务、技术、手机终端与网络实现了紧密融合，企业管理效率得到极大的提升，企业管理思维也发生了极大的改变。

目标传导式绩效管理的设计理念即要做到"全指标量化、全员性参与、全要素集成、全过程控制、全天候评价、全方位激励"，绩效管理一体化平台作为目标传导式绩效管理的载体，为目标传导式绩效管理设计理念的实施提供了强有力的信息支撑，是实现目标传导式绩效管理系统实践性、时效性、公开性、透明性及参与性的强有力的后盾。然而绩效管理一体化平台的构建是复杂的，其中涉及系统集成、网络协同，以及对各种数据信息的整合，需要企业以先进的信息技术作支撑。因此，在企业推行目标传导式绩效管理之前，应先检验企业自身的信息技术水平，如有需要，进行信息技术及信息技术人员的引进，从而为目标传导式绩效管理的推行营造良好的技术环境。

二　目标传导式绩效管理的核心内涵

目标传导既是目标传导式绩效管理体系建立的主导思想，起到了横向串联"四体系、一平台"的作用，又是目标传导式绩效管理体系落地实施的纠偏基准线，有着纵向贯穿企业、部门、员工行为一致性的功能。因此，目标传导被看作为目标传导式绩效管理体系的核心内涵。以下分别对目标传导的横向串联原理及纵向贯穿原理进行详细介绍。

横向串联：目标管理体系是目标传导横向串联的起点，通过对企业外部竞争环境扫描与内部资源分析，结合企业持续发展的具体要求，形成企业各时限内的战略目标。而由企业战略目标分解而来的各级组织与员工目标将形成绩效评价体系的考评指标与绩效计划，也就是形成了目标传导下的组织和员工行为指导与评价标准。随后通过绩效评价体系对传导至各层级的目标的评价，所得出的结果将应用于薪酬激励体系与员工成长体系。因此，薪酬激励体系与员工成长体系既是目标传导的延续，也是目标传导的保障。同时，绩效管理一体化信息平台起到了目标传导的载体的功能，从目标的形成，到目标向指标的转化；从目标的传导，到目标与结果的比对；从目标的强化，到目标实现后激励的应用，均在一体化平台上流转、实现。通过上述描述可以看出，目标传导这一动作有机地将"四体系、一平台"串联起来，使四体系环环相连，每个体系的终点由目标传导转化为下一体系的起点。

纵向贯穿：企业战略目标是目标传导纵向贯穿的起点，通过对企业战略目标的分解，依据各级组织职责，分解后的目标将传导至内部各组织并形成组织目标，分解转化为相关组织考核指标。随后，结合岗位说明书，将组织目标分解传导为个人指标，具体包含工作标准、产品指标、操作指标、消耗指标等，即完成了企业目标的层层落地。通过上述描述可以看出，目标传导由企业顶层设计出发，经过组织转化后到达个人，把员工的行为引向企业目标的方向，使员工、部门与企业目标保持一致、纵向贯穿。

目标传导式绩效管理强调以战略目标为引领，在目标传导式绩效管理系统的实施过程中，目标传导机制的运行，有助于战略目标对目标管理体系、绩效评价体系、薪酬激励体系、员工成长体系的指引作用的发挥，有效地保证了个人目标、组织目标与战略目标的统一，以及个人绩效、组织绩效与战略绩效的统一。

三 "四体系、一平台"的协同作用

在本节第二部分，我们从目标传导的角度对目标传导式绩效管理体系理论层面上的运行机制进行探讨，在此部分，我们将从"四体系、一平台"的角度对目标传导式绩效管理体系实践层面上的运行机制进行解说。

目标传导式绩效管理系统由目标管理体系、绩效评价体系、薪酬激励体系、员工成长体系和绩效管理一体化平台（简称"四体系、一平台"）组成。而目标传导式绩效管理系统即"四体系、一平台"，则为目标传导式绩效管理理论落地的具体表现。在目标传导式绩效管理系统运行的过程中，目标管理体系作为其运行的起点，从公司战略入手，得到与战略目标相对应的公司目标，随后对公司目标进行层层分解得到相应的组织目标及岗位目标，从而实现将公司笼统的大目标细化到每个员工每个岗位应完成的具有实施性的小目标，与此同时，依据战略目标分解得到的各级目标，建立与其相对应的关键绩效指标（KPI），实现了对各级目标的固化及可视化，为绩效评价体系的考评提供了依据及基础。绩效评价体系作为目标传导式绩效管理的保障和手段，依据目标管理体系所提供的关键绩效指标以及目标值，借助信息一体化平台，通过绩效计划、绩效实施、绩效评估、绩效改进四个阶段对目标实施的情况进行动态监控和反馈，对部门及员工的绩效完成情况进行实时考核及评价，其考核结果不仅用于绩效改进，还是薪酬分配的依据，以及员工成长体系构建的基础。薪酬激励体系是目标传导式绩效管理的杠杆，其合理的设计与实施，能充分调动员工的主观能动性，留住并吸引优秀人才，加倍发挥目标传导式绩效管理的效用，从而促进企业目标更快更好地实现。值得指出的是，此体系中组织调节系数及岗位调节系数的设置，有效地提升了薪酬分配的公平性，有利于薪酬激励功效的发挥。员工成长体系是目标传导式绩效管理体系的目的和延伸，其以员工绩效档案为核心，依据考核评价的结果来体现员工日常工作业绩，作为员工职位晋升、评先选优及职业规划的依据，对优化员工布局，建立企业人才资源库，激发员工潜能，增强企业生命力，助力企业下一阶段目标的实现起着至关重要的作用，也充分体现了企业"以人为本"的价值理念。需要注意的是，员工成长体系的建立应能充分反映企业的战略目标，应能体现企业战略发展与员工成长的统一性。绩效管理一体化平台为"四体系"顺利实施的依托及效率保障，无论是目标管理体系中目标的层层分解及关键绩效指标的确定，还是绩效评价体系中数据的收集、更新以及信息的反馈，或是薪酬激励体系与员工成长体系中薪酬的分配及员工职业生涯规划的设定，其工作量的巨大及工作复杂度都是难以想象的，而绩效管理一体化信息平台的建立则利用信息技术，实现了数据的自动获取、智能分析、全过程跟踪、全天候评价，从而有效地克服了以上所提出的四体系所面临的问题，提升了目标传导式绩效管理系统的运行效率，并最大程度地避免了人为因素的暗箱效应，保证了四体系间信息的高效流通，增加了目标传导式绩效管理的透明度及其在员工心中的可信度。

基于以上分析可得，"四体系、一平台"之间的关系不是独立的，而是相互交叉相互促进环环相扣的，它们是作为一个有机整体存在的，将它们之中的任一部分从整体中拿出来，目标传导式绩效管理便不能发挥预设的效用。由此可见，为实现企业目标，保障目标传导式绩效管理的顺利实施，需注重"四体系、一平台"每一部分的贯彻落实以及相互间的协同作用。此外，目标传导式绩效管理是一个动态循环系统，一个循环结束的终点正是下一个循环开始的起点，目标传导式绩效管理实施的过程即为绩效持续改进的过程。

四　目标传导式绩效管理的运行保障

目标传导式绩效管理具有一定的革新性，可有针对性地解决传统绩效管理所面临的如目标导向不强、信息流通不畅、薪酬分配不合理等难题，且相较于传统绩效管理，目标传导式绩效管理更具有系统性，无论是在理论体系的构建方面还是实践系统的建立方面，均具有更大的集成性。相应地，目标传导式绩效管理体系的建立及实践过程均具有一定的难度，为确保目标传导式绩效管理切实落到实处，确保其功效的充分发挥，为目标传导式绩效管理的运行建立相关保障机制至关重要。以下将在相关理论的基础上结合实践经验，从六个方面给出目标传导式绩效管理运行保障的建议。

第一，一个企业的文化是一个企业的灵魂，是推动企业发展的不竭动力。一个企业文化的形成，是企业相关理念、制度、规则等在企业及员工心中的内化。为减少目标传导式绩效管理在企业推行的阻力，增加员工对目标传导式绩效管理的认同感，在企业中建立及宣传目标传导式绩效管理文化，为目标传导式绩效管理建立文化保障显得尤为重要。在企业内部进行目标传导式绩效管理相关的培训及宣传，帮助企业各级员工树立正确的绩效管理观念，提高目标传导意识，形成目标传导式绩效管理文化，是目标传导式绩效管理体系得以实施的基础支撑。

第二，组织保障，依据目标传导式绩效管理的特征与需求为目标传导式绩效管理建立相应的职能归属部门，一方面可体现企业对目标传导式绩效管理推行的重视，另一方面可以及时发现并改进目标传导式绩效管理推行及实施过程中所遇到的问题，提高目标传导式绩效管理的运行效率。因此，组织保障是目标传导式绩效管理推行的强有力的保障，需贯穿目标传导式绩效管理全过程。

第三，"人"是企业的核心，虽然随着科学技术的发展，自动化、智能化办公在企业中越来越普遍，但"人"的能动性及价值在企业中仍具有不可替代的作用。目标传导式绩效管理方案的成功实施依赖于参与人员的支持，因此为保证该体系的正常运行，就必须建立有效的人员保障。需要指出的是，目标传导式绩效管理体系的实施不仅要得到高层管理者的大力支持，而且要得到普通员工的高度支持及认可，从而使每位员工都参与到目标传导式绩效管理建设及运营中来。

第四，合理的制度不仅可以有效地约束员工的行为，还能成为员工行为的参考，对员工的行为起着有效的指引作用。因此，想要保障目标传导式绩效管理体系的顺利实施，建立有效系统的制度保障必不可少。具体来说，企业要制定培训制度将目标传导式绩效管理的内容传递给员工，通过考核制度确保绩效考核的有效性，通过双向沟通制度确保考核目标在企业中的顺利传导，通过监控制度确保考核过程的客观公正，通过投诉制度解决考核过程中出现的一些问题，最后通过反馈制度将考核结果通过各种途径反馈给上级和个人，使考核结果得到充分应用，使目标传导式绩效管理体系的功效得到最大程度的发挥。

第五，相较于传统绩效管理，目标传导式绩效管理体系更注重对现代信息技术的应用，更注重系统的自动化、智能化及集成化，其创新性不仅体现在实现了绩效管理中的目标传导，同时也体现在绩效管理一体化信息平台对目标管理体系、绩效评价体系、薪酬激励体系、员工成长体系四大体系的整合作用。而绩效管理一体化信息平台作用的顺利发挥一方面需要高度集成的信息管理系统提供硬件保障，另一方面需要专业的信息技术人才提供技术支持。

第六，流程是企业运作的基本行为规范，合理的流程管理能够帮助企业在实施目标传导式绩效管理方案时提高资源利用率、减少考核成本、提高工作效率，从而保证该绩效管理体系的顺利实施。同理，为使目标传导式绩效管理体系得以高效实施运转，企业应建立与目标传导式绩效管理相对应的系统的绩效管理流程，对目标传导式绩效管理体系的运转进行规范化及流程化。

目标传导式绩效管理实施功效的大小取决于目标传导式绩效管理的执行贯彻度，而目标传导式绩效管理的执行贯彻度则由以上六种措施保障落实。本节仅对目标传导式绩效管理应采取的保障措施进行简要介绍，在接下来的第四章我们将结合实践案例对目标传导式绩效管理的实施保障进行详细解说。

第四章 目标传导式绩效管理实施保障

对于任何一个组织来说，一种管理模式或方案的出台到实施，需要人员、制度和技术等诸多方面的管理基础与保障措施才能落地生根并发挥实际作用。目标传导式绩效管理模式在实践过程中得以顺利实施，有赖于文化、组织、人员、制度、技术、流程六个方面所提供的全方位保障。

文化保障方面，以企业理念为核心层，提供企业未来发展的精准定位；以核心价值观为中间层，明确企业做事准则和价值趋向；以企业形象为外围层，展现企业良好的外部特征和经营实力，充分发挥文化保障在目标传导式绩效管理体系实施过程中的凝聚功能、优化功能、激励功能和协调功能。

组织保障方面，以目标导向、分工协作、统一命令、权责利相对应、精干高效五大组织设计原则为依据，以目标传导式绩效管理体系相关方为焦点，从职能与职务、部门、层级、协调、人员五个方面对组织结构进行系统化设计，保障了目标传导式绩效管理体系的有效实施与运作。

人员保障方面，以职务要求明确、责权利一致、公开竞争、用人之长等原则进行人员配备，按照经济效益、任人唯贤、因事择人、程序化、规范化、因才起用、用人所长等原则开展人员保障，实现了目标传导式绩效管理体系在实施过程中得到高层管理者的大力支持、中层管理者的积极配合以及普通员工的高度认同。

制度保障方面，以因企制宜、因势而变、领导重视、强制执行、监督配合、民主公平为制度建设原则，建立包括培训制度、考核制度、沟通制度、监控制度、投诉制度、反馈制度等在内的完善的管理制度体系，切实保障了目标传导式绩效管理体系运行过程中目标的高效传导、绩效考评的公正、绩效考核结果的应用，有效地推动了目标传导式绩效管理体系的全面落地。

技术保障方面，通过信息技术和管理技术齐头并进，充分利用信息技术的渗透性、创新性、战略性、开放性、增值性等特性，牢牢把握管理技术的导向性、系统性、创造性等特征，实现以信息技术为支撑的高效管理技术，为目标传导式绩效管理体系的正常运行提供了及时的目标管理，系统化、全员全程的绩效管理，强化了绩效结果分析，支撑了人事决策。

流程保障方面，以对自身原有业务流程的深入分析为基础，通过一系列的流程优化和流程再造，建立起纵横贯穿的目标传导流程、循环改进的绩效管理流程、双向多重的薪酬激励流程和机动灵活的员工成长流程，实现绩效管理流程化，保障了目标传导式绩效管理体系发挥作用。

本章分为六节，分别介绍目标传导式绩效管理体系实施过程中的文化保障、组织保障、人员保障、制度保障、技术保障、流程保障，每一节中从四个方面进行详细阐述：保障的内涵、保障的重要性、如何建立保障、神宁集团的保障措施。通过本章的介绍，读者能够对目标传导式绩效管理体系有更进一步的理解，并对如何在其他企业中推广该绩效管理体系的前提条件和方法有一定的掌握。

第一节　文化保障

一　文化保障的内涵

企业文化是指在一定的社会大文化环境影响下，经过企业领导者的长期倡导和员工的长期实践所形成的具有本企业特色的，为企业成员普遍遵守和奉行的价值观念、信仰、行事态度、行为准则、道德观念及传统和习惯的总和。通过对神宁集团目标传导式绩效管理体系实施过程的观察，企业文化概念下对该体系成功实施起到保障作用的内容有：

1. 经营哲学

经营哲学也称企业哲学，源于社会人文经济心理学的创新运用，是一个企业特有的从事生产经营和管理活动的方法论原则，是指导企业行为的基础。一个企业在激烈的市场竞争环境中，面临着各种矛盾和多种选择，要求企业有一个科学的方法论来指导，有一套逻辑思维的程序来决定自己的行为。如本书第二章所述，神宁集团煤制油化工板块通过对目标管理理论、绩效管理理论、行为激励理论、组织领导理论、多目标决策理论等诸多理论进行融合，形成了特有的绩效管理与经营理念。

2. 价值观念

价值观念是人们基于某种功利性或道义性的追求而对人们本身的存在、行为和行为结果进行评价的基本观点。企业的价值观，则指企业职工对企业存在的意义、经营目的、经营宗旨的价值评价和为之追求的整体化、差异化的群体意识，是企业全体职工共同的价值准则。神宁集团将每名员工都作为不可或缺的一部分，高度重视绩效观念的建立，员工能够在成长体系的激励下形成与企业一致的价值导向，保障了绩效管理的效果。

3. 企业道德

企业道德是指调整企业与其他企业之间、企业与顾客之间、企业内部职工之间关系的行为规范的总和。它是从伦理关系的角度，以道德为标准来评价和规范企业。企业道德与法律规范和制度规范不同，不具有强制性和约束力，但具有积极的示范效应和强烈的感染力，当被人们认可和接受后具有自我约束的力量，是约束企业和职工行为的重要手段。企业道德作为绩效管理制度的补充，同绩效管理制度相结合既保证了绩效考核过程的客观公正，也保证了企业内融洽的员工关系。

4. 团体意识

团体意识是指组织成员的集体观念，团体意识是企业内部凝聚力形成的重要心理因素。企业团体意识的形成使企业的每个职工把自己的工作和行为都看成是实现企业绩效目标的一个组成部分，使他们对自己作为企业的成员而感到自豪，为企业的愿景倍感光荣，把企业看成是自己利益的共同体和归属，自觉地克服与实现企业目标不一致的行为，因此无论是班组内部还是班组与班组之间、部门与部门之间都形成了良好的团队意识，所有员工劲往一处使，变传统绩效管理的"要我做"为"我要做"，使绩效管理变得容易起来。

5. 企业使命

企业使命是指企业在社会经济发展中所应担当的角色和责任。是指企业的根本性质和存在的理由，说明企业的经营领域、经营思想，为企业目标的确立与战略的制定提供依据。企业使命要说明企业在全社会经济领域中所经营的活动范围和层次，具体的表述为企业在社会经济活动中的身份或角色。目标传导式绩效管理体系的成功施行与企业使命密不可分。概括地说，企业使命通过影响资源配置、员工行为和利益相关者管理这三条路径积极地影响企业绩效。

二 文化保障的重要性

企业文化是企业中不可缺少的一部分，优秀的企业文化能够营造良好的企业环境，提高员工的文化素养和道德水准，有助于形成企业发展不可或缺的精神力量和道德规范，对目标传导式绩效管理"四体系"的整合起到良好的聚合作用，使企业资源得以合理的配置，从而提高企业整体绩效。概括地说，良好的企业文化在目标传导式绩效管理的创新与实践过程中主要发挥了如下功能：

1. 凝聚功能

企业文化比企业外在的制度管理办法具有一种内在的凝聚力和感召力，使每个员工产生浓厚的归属感、荣誉感和目标服从感，企业文化像一根纽带，把员工个人的追求和企业的追求紧紧联系在一起，将分散的员工个体力量聚合成团队的整体力量。正因如此，目标管理体系的功效在煤制油化工板块才得以凸显，当企业战略目标向下传导时无论是部门还是班组都能够以饱满的精神状态接受上级任务，企业文化的凝聚功能是外部制度代替不了的。

2. 优化功能

优秀的企业文化体现出卓越、成效和创新意识，可以使人树立崇高理想，培养人的高尚道德，锻炼人的意志，净化人的心灵。企业文化是一种无形力量，能对绩效管理起到优化作用。当领导者和员工的行为有悖于企业道德规范时，它可以自动加以监督和矫正，促使员工朝着提高个人绩效的目标努力，潜移默化地优化了绩效管理效果。

3. 激励功能

企业文化能够最大限度地激发员工的积极性和首创精神，使他们以主人翁的姿态，关心企业的发展，为企业战略目标的实现和长远发展贡献自己的聪明才智。一种积极的企业文化具有良好的激励功能，能够激励员工在完成上一轮绩效考核之后根据考核结果不断改进，企业文化与薪酬激励体系、员工成长体系协同产生作用，加强了目标传导式绩效管理的实用性。

4. 协调功能

企业文化的形成使得企业员工有了共同的价值观，对众多问题的认识趋于一致，增加了相互间的共同语言和信任，使企业内部的关系更为密切、和谐，各种活动更加协调，也就是说企业文化充当着企业"协调者"的角色。在目标传导阶段，上下级之间在一致的企业文化驱使下，将上层目标进行合理分解，充分发挥每个岗位的功能，有效避免了磨洋工现象。在绩效考评阶段，考评部门与被考核人员之间的信任使得考核结果能够如实反映真实情况，同时这种信任的关系也保证了绩效改进工作的顺利实施。

三　文化保障的建立

为保障目标传导式绩效管理的顺利实施，要在企业中培养与该绩效管理模式相适应的企业文化，重点应当从管理理念的宣传灌输开始，通过系统的强化培训、人才队伍建设、氛围的营造、健全完善制度等方面入手稳步建立完善目标传导式绩效管理的企业文化体系，使绩效管理成为一种自觉的行动，从而保障该绩效管理体系能够执行到位，不断增强控制力。

1. 建立健全绩效管理文化制度

文化的形成是为了增强员工行为的约束力，但文化本身是一种无形的力量，必须依靠制度的建立作为支撑。企业必须对绩效管理文化制度的建立高度重视，根据企业管理的现状和员工的素质，使文化成为一种刚性制度，唯有如此才能对员工的行为起到约束作用。同时也要注意绩效管理不单独是人力资源业务部门的工作，而是全员参与、全员都要承担相应角色的系统工程，员工参与的程度直接影响绩效管理的最终成效，所以绩效管理文化制度的健全和完善必须是全员参与、全区域覆盖、全媒介宣传。

2. 倡导绩效管理文化意识

企业借助内部报纸、电视、专栏、专刊、会议等各种媒介宣传目标传导式绩效管理的基本知识，以提高员工的绩效文化意识。值得强调的是要对该理论与模式的作用进行广泛宣传，引导和帮助各级管理者和员工正确认识与理解绩效管理的理念和思路，使管理者对绩效管理高度重视并坚定地执行和推动实施，使员工对绩效管理政策能够充分理解，并给予大力支持和配合。在企业内部倡导目标传导式绩效管理文化意识，使员工对该模式文化的推进产生共鸣，统一思想认识，增强实施的积极性和主动性。

3. 开展实施绩效管理体系培训

推进目标传导式绩效管理模式建立的前提是员工必须清晰地知道自身的岗位职责和所要完成的目标任务，但实际上很多员工只是按照各级组织的要求，像机器一样被动和无目标地工作，没有清晰的方向。通过开展相关培训，使员工将绩效管理的文化和思想融入日常工作中，针对自己的岗位职责，积极采取措施努力完成好自己的绩效考核任务，进而推动企业战略目标的实现。同时，通过绩效文化理念的培训，进一步增强员工的事业感和责任感，从而增强主动提高自身综合素质、业务技能和管理意识的自觉性，有助于绩效管理体系的推进和实施，真正实现"我参与、我快乐、我积极"的目标传导式绩效管理实施目标。

4. 增强企业绩效管理的创新能力

绩效管理体系只是一个较为完善的管理理论和能够推动企业管理不断进步的工具，并不是一把万能的金钥匙、任何企业都可以随便套用。每个企业的管理实际和文化背景都不相同，必须在学习、借鉴、吸收的基础上，结合自身实际进行不断创新才能真正发挥绩效管理理论的作用，也才能够使员工队伍素质不断提升，从而推动企业管理不断变革，持续提高企业的绩效管理能力。

5. 与企业奖惩机制挂钩

绩效管理文化建设的最终目的是为了推动企业管理水平、员工队伍素质、工作能力以及业务的提升，所以必须与薪酬激励机制、员工职业发展、员工岗位调整等与切身利益紧密相关的工作相挂钩。绩效管理文化建设就是要让员工真正感受到这是实现多劳多得、不劳不得分配机制的重要手段和途径，也是真正挖掘和培养员工队伍的重要举措。

四 案例：神宁集团的文化保障措施

为保障目标传导式绩效管理体系的顺利实施，神宁集团在企业树立起了系统化、过程化、战略化的绩效管理观念。其中系统化观念要求在对员工进行绩效考核时不能局限于对员工个人的考核，也应该关注对其上级组织的考核；过程化观念强调将考评体系与薪酬激励体系和员工成长体系挂钩，真正保证目标传导式绩效管理体系的可持续性；战略化观念强调实现个人绩效目标与组织战略目标的高度一致，实现途径即保证该绩效管理体系中有效的目标传导。

通过贯彻以上绩效管理观念，为目标传导式绩效管理体系提供文化保障，神宁集团制定了以下企业文化，由于篇幅限制，本书概括列出其中的理念文化和行为文化。

1. 理念文化

（1）核心理念

企业使命：提供绿色能源，驱动时代文明。

共同愿景：建设符合科学发展观要求的国际一流能源化工基地。

战略目标：建设亿吨大矿，打造"五型"企业。

核心价值观：科学和谐，厚德思进。

企业精神：艰苦奋斗，开拓务实，追求卓越。

（2）基本理念

经营理念：诚实守信，互利共赢。

管理理念：精准、严细、安全、高效。

建设理念：高标准、高质量、高技术、高效率、高效益。

发展理念：遵循规律，科学发展。

安全理念：煤矿能够做到不死人，瓦斯超限就是事故；生命高于一切，责任重于泰山。

质量理念：质量为本，注重过程，持续改进，打造精品。

销售理念：用户的需求就是我们的标准。

成本理念：省下的就是自己的。

人才理念：纳天下才，育神宁人。

学习理念：学习改变命运，知识成就未来。

创新理念：勇于探索，自主创新。

工作理念：今天再晚也是早，明天再早也是晚。

廉洁理念：淡泊名利，慎权守职。

团队理念：凝心聚力，同舟共进。

企业作风：雷厉风行，执行到位。

2. 行为文化

（1）行为准则

共同行为准则：爱岗敬业、遵纪守法、学习进取、安全健康、团结协作、勤俭节约、文明礼貌、自强不息。

层级行为准则：决策层做正确的事。

执行层正确地做事。

操作层精确地做事。

（2）道德规范

企业道德规范：诚实守信，公平公正。

员工道德规范：做对企业有贡献的人，做对社会负责任的事。

第二节　组织保障

一　组织保障的内涵

组织保障在本书中指的是通过组织设计为目标传导式绩效管理体系的实施和运行提供组织上的保障。组织设计是在组织理论的指导下，以组织的构造和运行为主要内容的组织系统的整体设计工作。聚焦于本书中心内容目标传导式绩效管理体系，组织结构设计就是通过设立合理的组织部门，确立不同部门间的协作关系，整合并优化组织资源，实现组织绩效的最大化。为保障目标传导式绩效管理体系的成功实施，组织设计通常要考虑以下内容：

1. 职能与职务设计

职能设计是指根据组织的绩效目标设计组织的经营职能和管理职能。如果组织的有些职能不合理，阻碍了目标传导或绩效考评，那就需要进行调整，对其弱化或取消。因此，组织首先需要将总的绩效目标进行层层分解，分析并确定完成组织总目标究竟需要哪些基本的职能与职务，然后设计和确定组织内从事具体管理工作所需要的各职能部门，以及各项管理职务的类别和数量，分析每位工作人员应具备的资格条件、应享有的权利范围和应负的职责。

2. 部门设计

部门设计是指根据绩效管理工作的需求，将从事相似工作的人员划归在同一部门下，以此来保证绩效管理工作的顺利完成。由于组织绩效管理活动不同阶段的特点、环境和条件不同，划分部门所依据的标准也不一样。对同一阶段的绩效管理活动来说，在不同类型的考核对象条件下，考核的标准应该也不同，部门设计应该充分考虑绩效管理活动的灵活性，但同时也要保证组织架构的稳定性。通常情况下以年为单位进行部门结构变动，变动不宜过于频繁。

3. 层级设计

在职能与职务设计和部门划分的基础上，必须根据企业现有人力资源情况，对初步设计的职能和职务进行调整和平衡。同时要根据每项绩效管理工作的性质和内容确定管理层级并规定相应的职责、权限，通过规范化的制度安排使各个管理部门和各项职务形成一个严密、有序的活动网络，好的层级设计能加快信息沟通速度，保证绩效管理活动有条不紊地开展。

4. 协调设计

协调设计即各个绩效管理部门之间协调方式的设计。组织设计主要研究分工，有分工就必须有协作。协调方式设计就是研究分工的各个层次、各个部门之间如何进行合理的协调、联系以及配合，以保证高效率的协作，发挥绩效管理系统的整体效应。

5. 人员设计

人员设计就是绩效管理人员的设计。绩效管理活动归根结底是以人为本，在考核过程中都要以管理者为依托，并由各个部门的管理者来执行。因此，按照组织设计的要求，必须进行人员设计，配备相应数量和质量的人员。绩效管理部门的员工要求不仅能熟练掌握各部门的绩效考核方案和流程，而且要熟知绩效沟通技巧。

二 组织保障的重要性

目标传导式绩效管理体系在企业中得以顺利实施，组织保障必不可少。企业至少应建立完整的管理支持体系，坚持最高管理者统一领导，各分管领导各司其职，人力资源部积极组织协调，相关部门配合实施，逐级逐步形成绩效考核管理的领导体制和工作机制。具体来说，完善的绩效管理组织保障具有以下重要意义：

1. 促进组织和个人绩效的提升

绩效管理通过设定科学、合理的组织目标、部门目标和个人目标，为企业员工指明了努力方向，合理的绩效管理组织设计能够促进组织和个人绩效的提升。具体作用体现在如下三个阶段：

一是绩效沟通阶段：绩效管理相关部门通过分析及时发现员工在工作中存在的问题，督促其直接管理者向其提供必要的工作指导和资源支持，员工通过工作态度以及工作方法的改进，保证绩效目标的实现。

二是绩效考评阶段：绩效管理相关部门以公正的立场对个人和

部门的阶段工作进行客观、公平的评价，明确个人和部门对组织的贡献，通过多种方式激励达到上期绩效目标的部门和员工继续努力提升绩效，督促低绩效部门和员工找出差距改善绩效。

三是绩效反馈阶段：绩效管理相关部门通过与被考核者面对面的交流沟通，帮助被考核者分析工作中的长处和不足，鼓励员工扬长避短，促进个人得到发展。对绩效水平较差的组织和个人，考核组织帮助被考核者制定详细的绩效改善计划和实施举措。同时就下一阶段工作提出新的绩效目标并达成共识，被考核者承诺目标的完成。

在企业正常运营情况下，绩效管理部门一方面通过在以上三个阶段发挥作用，帮助组织和个人的绩效得到全面提升；另一方面，绩效管理部门通过对员工进行甄选与区分，保证优秀人才脱颖而出，同时淘汰不适合人员。这种筛选不仅使内部人才得到成长，同时也吸引外部优秀人才，使人力资源能满足组织发展的需要，促进组织绩效和个人绩效的提升。

2. 促进绩效管理流程优化

企业管理涉及对人、事的管理，对人的管理主要是激励约束问题，对事的管理就是流程问题。所谓流程，就是一件事情或者一项业务如何运作，涉及因何而做、由谁来做、如何去做、做完了传递给谁等几个方面的问题，上述四个环节的不同安排都会对产出结果有很大影响，极大地影响着组织效率。在绩效管理过程中，合理的绩效管理部门设计是立足于公司整体利益，结合绩效管理实际业务，以提高业务处理效率为目标，能够解决上述四个问题，使得绩效管理流程不断调整得以优化，提高了目标传导式绩效管理体系的适应性和稳定性。

3. 保证组织战略目标的实现

企业一般有比较清晰的发展思路和战略，有远期发展目标及近期发展目标，在此基础上根据外部经营环境的预期变化以及企业内部条件，制定出年度经营计划及投资计划，并在此基础上制定企业年度经营目标。企业管理者将公司的年度经营目标向各个部门分解，就成为部门的年度业绩目标；各个部门向每个岗位分解核心指标，就成为每个岗位的关键业绩指标。年度经营目标的制定过程中要有各级管理人员的参与，让各级管理人员以及基层员工充分发表自己的看法和意见，这种做法一方面保证了公司目标可以层层向下分解，不会遇到太大阻力，同时也能使目标的完成具备群众基础，大家认为是可行的，才会努力克服困难，最终促使组织目标的实现。对于目标传导式绩效管理体系而言，在目标制定与传导过程中绩效管理部门负责上下级之间的工作衔接，良好的绩效管理部门功能设计是保证目标管理体系正常运转的前提，是绩效管理能否取得实效的关键。绩效管理组织保障能促进和协调各个部门以及员工向着企业预定目标努力，形成合力，最终促进企业经营目标的完成，从而保证企业近期发展目标以及远期目标的实现。

三　组织保障的建立

组织设计是组织工作者的一项最重要的工作任务，要想使设计的组织能够有效保障目标传导式绩效管理体系运转，必须遵循一些基本原则，总结国内外组织理论家和实践家的研究与实践成果可以看出，在进行绩效管理组织结构设计时，应遵循以下基本原则：

1. 目标导向原则

任何一个组织都应有其特定的目标和任务，组织及其每一个部门都应该与该任务目标相关联，以实现组织的绩效目标为最终目的。根据这一原则，企业在进行组织设计时首先应当明确组织的绩效管理任务目标是什么，然后分析为了保证该任务目标的实现需要办哪些事，设置哪些绩效管理部门和职能，再据此做到因事设职、因职设人，始终坚持以绩效目标为主要依据和着陆点。

2. 分工协作原则

绩效管理部门的划分、业务的归口，应兼顾专业分工及协作配合，做到分工合理、协作明确。根据这一原则，首先要做好分工，绩效管理过程中需要做哪些事，分别归哪个部门、哪个岗位完成。同时应该注意分工的粗细适当，一般来说，分工越细越专业化，责任越明确，效率也会越高，但过细的分工会导致机构增多、协作困难、协调成本变高等问题。而分工粗则会导致员工技能多样化发展，同时机构减少，协调工作量降低，导致责任不明确、各部门之间相互推诿、效率较低的问题。在部门设计时要充分考虑企业的实际情况、劳动力的素质和能力等因素。

3. 统一命令原则

只有在绩效管理工作中实行统一领导，才能保证绩效管理工作的协调，消除多头领导和无人负责的现象；分级管理，有利于发挥各级组织成员的积极性和创造性，保证了组织高效和灵活性。这一原则要求任何一级组织只有一个人负责，实行首长负责制，同时各个等级形成一个连续、明确的等级链。根据统一命令原则，绩效管理相关组织中要有一个总负责的部门，负责调动其他部门统一进行绩效工作的开展。

4. 权、责、利相对应的原则

在绩效管理部门中权责应是对等的，必须严格保证每一职位拥有的权利与其承担的责任相称，权责相等是发挥相关管理成员能力的必要条件。权责的不相适应对于组织的危害也是相当大的，有权无责或是权大责小容易造成瞎指挥或是权利滥用，而有责无权或是责大权小则会导致职责不能顺利实现，束缚了管理人员的积极性、主动性和创造性。在绩效管理部门内部，除了要协调不同职位的权责关系外，还应注意做好职责和利益的统一，避免尽责无利的情况出现。

5. 精干高效的原则

精干高效，不仅是绩效保障部门设计的原则，也是整个企业组织设计的要求。队伍精干，效能才高。精干不是指越少越好，而是在满足绩效管理活动顺利进行需要的前提下尽可能的少。效能包括工作效能和工作质量。队伍精干是提高效能的前提，精干高效原则要求人人有事干，事事有人管，保质又保量，负荷都饱满。根据这一原则，应当改变"人多好办事"的偏见。这一原则使组织成员有充分施展才能的余地，使绩效管理组织具有高效率和灵活性。

四 案例：神宁集团的组织保障措施

项目管理方面，神宁集团积极借鉴国内外大型化工企业经营与项目建设的管控模式，分别构建了生产期职能制和建设强矩阵式的组织管理体系，实现架构中各级组织的权、责、利的统一，有效激发了各级组织的主体职能和管理作用的发挥。

聚焦到绩效管理职能，神宁集团各单位充分考虑到上一小节提到的组织保障建立五大原则，在企业中单独设立了一系列的绩效管理组织，包括绩效管理建设领导小组，领导小组下设办公室、实施小组和研究与咨询小组，这些组织间的关系如图4-1所示。通过这些组织间的紧密配合，实现了"全方位评价、全过程循环"的绩效体系，为目标传导式绩效管理体系的有效运作提供了充分的组织保障。

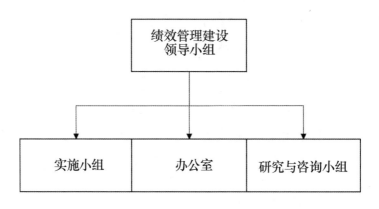

图4-1 绩效管理组织保障关系结构图

1. 绩效管理建设领导小组

为保障目标传导式绩效管理的顺利实施，神宁集团各单位均分别设立了绩效管理建设领导小组，各领导小组组长均由该单位总经理担任，成员由各相关管理职能部门、员工代表组成，作为绩效管理的最高决策和最高权力机关。各单位的绩效管理建设领导小组在绩效管理过程中，一方面是方案、评估原则、方针的制定者，另一方面又是绩效管理过程的咨询顾问和支持者，同时还是整个绩效管理体系的组织者和监督者。具体而言，绩效管理委员会的职能有：

作为绩效管理规则的制定者，绩效管理建设领导小组保证了目标传导式绩效管理考核程序、方法的科学性和合理性，并且在有必要的时候予以局部调整和完善。

作为绩效管理中的顾问和支持者，绩效管理建设领导小组对评估和被评估者进行相关知识的培训，使之理解并接受该绩效管理体系的建立与运行。

作为该绩效管理体系运行的保障和监督者，绩效管理建设领导小组是绩效信息的接受者，对绩效考评结果实施了有效的处理，制定相应决策并落实，不仅实现了绩效管理的良性循环，而且保证了"四体系"通过"一平台"进行整合。

2. 绩效管理建设领导办公室

为辅助绩效管理建设领导小组进行绩效管理各项工作，引导全体员工充分履行岗位职责，认真贯彻各单位绩效相关规章制度和工作流程，共同达成组织绩效目标，加强绩效管理，各单位绩效管理建设领导小组下设办公室、实施小组和研究与咨询小组。

办公室一般由经营业务单位组成，主要负责本单位以下绩效管理工作：一是分解落实单位年度综合绩效建设各项指标；二是拟订综合绩效考评相关制度，制定具体实施方案；三是组织实施绩效考评工作，并对各下级单位绩效考评工作开展情况进行业务指导；四是协调各牵头部门监督检查各单位指标完成情况；五是负责单位日常绩效考评工作的协调、沟通，组织召开绩效考评会；六是做好考评结果通报及反馈工作，提出改进意见。

为了弥补班组层面的不足，神宁集团各单位均设立了绩效管理实施小组，一般由各下级职能部门或基层单位内有一定管理经验的管理者和员工组成。主要负责在本部门或单位内部有效地推行目标传导式绩效管理体系，并定期向绩效管理建设领导小组汇报工作进展以及实施过程中发现的问题。

为了帮助企业在目标传导式绩效管理体系实施过程中问题的解决，集团内还成立了绩效课题研究与咨询小组。研究与咨询小组协助各单位的绩效管理建设领导小组开展工作，培训各小组成员，向高层及时汇报推进过程，解决过程中遇到的各种问题。

第三节　人员保障

一　人员保障的内涵

人员保障是指通过科学合理的人员配备保证目标传导式绩效管理体系的顺利实施。人员配备是指对企业管理人员进行恰当而有效的选拔、培训和考评，确保配备了合适的人员去充实组织机构中所规定的各项职务，以保证组织绩效管理活动在开展过程中得到各个层级员工的支持，进而完成绩效管理要求的任务并促进企业绩效目标的实现。

1. 人员配备的任务

物色合适的人选。组织中的各部门是在任务分工基础上设置的，因而不同的绩效管理部门有不同的任务和不同的工作性质，必然要求具有不同的知识结构和水平、不同的能力结构和水平的人与之相匹配。人员配备的首要任务就是根据岗位工作需要，经过严格的考查和科学的论证，找出或培训为己所需的各类管理人员。

促进组织结构功能的有效发挥。要使绩效管理目标得以实现，使组织结构真正成为凝聚各方面力量、保证目标传导式绩效管理体系正常运行的有力手段，必须把具备不同素质、能力和特长的人员分别安排在适当的岗位上。只有使人员配备尽量适应各类职务的性质要求，从而使各职务应承担的职责得到充分履行，组织设计的要求才能实现，组织结构的保障功能才能发挥出来。

充分开发组织的人力资源。现代市场经济条件下，组织之间竞争的成败取决于人力资源的开发程度。在绩效管理过程中，通过绩效考核结果与员工成长计划相结合，适当选拔、配备和使用、培训人员，可以充分挖掘每个成员的内在潜力，实现人员与工作任务的协调匹配，做到人尽其才，才尽其用，从而使人力资源得到高度开发。

2. 人员配备的原理

职务要求明确原理：是指对不同层级管理人员的需求越是明确，培训和评价各级人员的方法越是完善，绩效部门人员工作的质量也就越有保证。

责权利一致原理：是指组织越是要尽快地保证绩效目标的实现，就越是要各级管理者和普通员工的责任与权利保持一致。

公开竞争原理：是指组织越是想要提高绩效管理水平，就越是要在上级主管职务的接班人之间鼓励公开竞争。

用人之长原理：是指绩效管理人员越是处在最能发挥其才能的职位上，就越能使绩效管理过程顺利进行。

不断培养原理：是指任何一个组织越是想要使其主管人员能胜任其所承担的绩效管理职务，就越是需要他们去不断地接受培训和进行自我培养。

二 人员保障的重要性

人员保障主要涉及的问题是人，因此，它在企业整个目标传导式绩效管理过程中占有极其重要的地位。具体表现为：

1. 为绩效管理项目提供支持

企业推进绩效管理，可能会采取两种方式。第一种方式是聘请外部人力资源咨询机构，如果是聘请咨询机构当然需要提供咨询项目资金和其他各类资源配合；第二种方式是由企业自身推动，企业自身推动也需要为绩效管理项目提供专项培训资源，需要对参与公司绩效管理项目的所有成员以及项目相关人员进行绩效管理知识培训，正确的管理者配备和先进的管理者思想将对绩效管理体系的各项实施项目提供支持，不仅是资源上的支持，还包括精神上的支撑。

2. 促进绩效管理培训，掌握绩效管理思想

很多企业管理者听说绩效管理能帮助企业，所以要做绩效管理项目，但其实自己对绩效管理的概念和思想并不了解，全权交给人力资源总监或副总来负责，这就属于不合理的人员配备的一种表现。人员保障就是通过对绩效管理相关人员的设计，促进企业内部绩效管理知识的培训及考核，以保障该体系的管理思想能够从上到下深入人心。也即管理者只有真正了解目标传导式绩效管理思想，才能树立起对绩效管理的信心，才能有效推动绩效管理工作。

3. 作为绩效管理活动的执行者

在绩效管理中，各层管理者才是实施的主体，起着桥梁的作用，向上对公司的绩效管理体系负责，向下对下属员工的绩效提高负责。如果管理者不能转变观念，不能很好地理解和执行，再好的绩效管理体系、再好的绩效政策都只能与"鸡肋"无异。人员保障首先要团结管理者这个主体，统一他们的思想，获得他们的支持，使之真正发挥绩效管理者的角色，承担自己应该承担的责任，做自己应该做的工作，让管理者真正动起来。只有各级管理者真正按自己的职责分工真正动起来了，绩效管理活动才能按预想的方向前进，才能真正实现落地，得到有效实施。

4. 建立绩效文化

绩效管理当中难免会遇到各种困难，比如员工的不理解、绩效指标设置的不合理等。聪明的管理者能够协助绩效推进负责人排除困难，在关键时刻站出来给予及时强有力的支持。通过各种措施，取得普通员工的认同，在企业内部建立良好的绩效管理文化，那么企业绩效管理工作一定能出成效，真正有效地推动目标传导式绩效管理体系的顺利实施，实现企业战略目标。

三　人员保障的建立

1. 建立人员保障的原则

经济效益原则。管理人员配备计划的拟定要以组织需要为依据，以保证组织绩效的提高为前提；它既不是盲目地扩大员工队伍，更不是单纯为了解决职工就业，而是为了保证绩效管理活动的顺利开展。

任人唯贤原则。在人事选聘方面，要与员工成长计划相结合，大公无私，实事求是地发现人才，爱护人才，本着求贤若渴的精神，重视和使用确有真才实学的人，才能使得绩效考评结果真正用到实处，而非仅仅是考核。

因事择人原则。因事择人就是员工的选聘应以绩效管理工作职位的空缺和实际工作的需要为出发点，以职位对人员的实际要求为标准，选拔、录用各类人员。

程序化、规范化原则。员工的选拔必须遵循一定的标准和程序。基于绩效管理制度规范，科学合理地确定组织员工的选拔标准和聘任程序是组织聘任优秀人才的重要保证。只有严格按照规定的程序和标准办事，才能选聘到真正对组织的发展作出贡献的人才。

因才起用原则。因才起用是指根据人的能力和素质的不同，去安排不同要求的工作。在组织中通过对绩效档案的记录发掘每一位员工的特征，只有根据员工的特点来安排工作，才能使员工的潜能得到最充分的发挥，使员工的工作热情得到最大限度的激发。

用人所长原则。用人所长是指在用人时不能够求全责备，管理者应注重发挥人的长处。在现实中，由于人的知识、能力、个性发展是不平衡的，组织中的绩效管理任务要求又具有多样性，擅长沟通的员工适合做绩效沟通，仔细认真的员工适合做绩效考核，顾全大局的员工则适合做绩效计划，有效的人员保障就是要能够发挥人的长处，并使其弱点减少到最小。

2. 建立人员保障的程序

（1）制定用人计划，使用人计划的数量、层次和结构符合组织的目标任务和组织机构设置的要求。

（2）确定人员的来源，即确定是从外部招聘还是从内部重新调配人员。

（3）对应聘人员根据岗位标准要求进行考查，确定备选人员。

（4）确定人选，必要时进行上岗前培训，以确保能适用于组织需要。

（5）将所定人选配置到合适的岗位上。

（6）对员工的业绩进行考评，并据此决定员工的续聘、调动、升迁、降职或辞退。

四 案例：神宁集团的人员保障措施

目标传导式绩效管理方案能否成功实施在很大程度上取决于参与绩效管理的人员，因为绩效管理方案的实施依赖于参与的人员，因此为了保证该体系的正常运行，就必须在人员上给予充分的保障。根据人员保障的任务，结合人员保障的原则，神宁集团煤制油化工板块从三个角度出发对目标传导式绩效管理体系的顺利实施提供了人员保障，如图4-2所示。

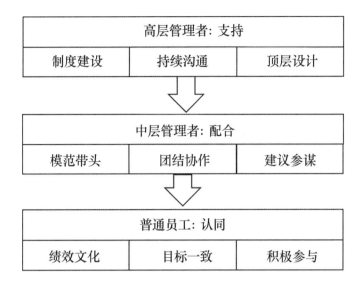

高层管理者：支持		
制度建设	持续沟通	顶层设计

中层管理者：配合		
模范带头	团结协作	建议参谋

普通员工：认同		
绩效文化	目标一致	积极参与

图 4 - 2　目标传导式绩效管理体系人员保障措施

1. 高层管理者

企业高层管理者是使考核落到实处的关键，因为绩效管理体系的实施是事关企业发展前途的重大举措，涉及企业的方方面面，甚至会损害局部利益，引起一些人的不满，所以需要高层人员以积极的态度面对实施中遇到的困难，组织建立一个责权系统，这一点不可或缺。神宁集团在推行目标传导式绩效管理体系的过程中，首先就通过各种方式取得了高层管理者的大力支持，具体包括以下三个方面：

第一，集团公司高层管理者亲自带领课题研究小组参与到目标传导式绩效管理体系的研究与实施上来，结合集团长期战略提出该管理体系在各单位中的具体实施目标、原则和方案、制度。

第二，集团公司高层管理者与煤制油化工板块内各单位负责人不仅参与绩效管理的研究与制度建设，而且利用信息平台做到了持续与各单位、员工进行沟通交流，弥补了信息传递不畅的缺陷，员工也有充分的机会向领导表明自己的意图和努力的方向，寻求指导和帮助，这充分调动了员工参与绩效管理制度制定和实施的热情和动力。

第三，集团公司高层管理者与煤制油化工板块内各单位负责人是从更高层次上关注绩效管理的内容，做好绩效管理体系的顶层设计，保障了绩效管理与企业战略、企业文化所倡导的目标之间的高度一致，在制定相关政策过程中能够将目标传导式绩效管理体系中的员工成长体系、薪酬激励体系等与绩效管理工作紧密相连，保证该绩效管理体系发挥应有的控制、激励等功能。

2. 中层管理者

中层管理者在企业的管理系统中担负着承上启下、上传下达的桥梁和纽带作用，作为中层管理者，既要忠诚，也要有能力，要做到让高层放心，也要让下属信服。神宁集团煤制油化工板块在进行目标传导式绩效管理体系的实施过程中，充分认识到了中层管理者的重要性。为了确保中层管理者的充分配合，神宁集团对企业中层管理者的能力提出了以下要求：

第一，要求中层管理者加强部门之间的团结协作。作为企业中层管理者在具体的管理工作中要重视加强与部门间的信息沟通和交流，树立团结协作的精神，抛弃自我思想和病态的权利观，积极主动配合各部门的工作，使之形成一个有机的工作整体，达到在绩效管理工作中积极主动、态度严谨有序、解疑有理有据。

第二，要求中层管理者要吃苦耐劳、树立模范带头作用。中层管理者作为部门负责人，是贯彻单位目标的具体执行人。各单位的绩效目标实现是通过全方位的绩效管理行为而实现的，在落实具体的绩效考核计划中，中层管理者要做到身先士卒，吃苦耐劳，率先垂范，通过艰苦的奋斗实现个人绩效的达标，进而实现整个部门的绩效目标。同时，中层管理者要及时做好对下属员工的宣传教育工作，使下属员工的思想都能认同公司的绩效管理文化。

第三，要求中层管理者积极发挥参谋作用，为高层决策提供科学建议。中层管理者在工作中要不断反思高层领导的意图，同时也要消除企业内有可能出现的不和谐声音，着力维护高层领导形象，

目标传导式绩效管理

并且要认真找出与实际考核中不符的原因,并形成有理有据的报告供高层领导参考。在工作中要善于发现有利于改进绩效管理的好点子、好想法、好机遇,及时与高层管理者汇报,做好领导的参谋,为领导决策提供科学有力的依据。

3. 普通员工

目标传导式绩效管理体系实施的根基是广大普通员工的认同,因为体系的管理对象更多的是位于底层岗位的普通员工,同时企业整体绩效最根本的来源是这些普通员工的绩效总和,因此普通员工是否认同该绩效管理体系,对体系实施起到举足轻重的作用。神宁集团煤制油化工板块从以下三个方面提高普通员工对目标传导式绩效管理体系的认同:

第一,充分利用企业绩效管理文化。在企业中树立正确的绩效管理观念,使每位员工充分认识目标传导式绩效管理对企业战略目标的实现和个人成长发展的重要作用,塑造以目标传导式绩效管理为导向的企业文化,并大力宣传。将绩效管理思想植入每一位员工头脑中,形成具备企业特色的绩效管理理念和文化。

第二,保证组织与员工之间的目标一致。要充分做好绩效管理体系实施的动员与宣传工作,采用自上而下、自下而上、横向、纵向等多种渠道充分介绍绩效管理体系的科学依据和预期的目的,取得全体员工的认同,与员工达成最大的共识。当员工个人目标与组织目标高度一致时,绩效管理体系实施推行的阻力就越小。

第三,鼓励员工参与。不但参与企业战略绩效目标的制定,而且要参与绩效目标分解和各个流程环节的管理中。通过诸如目标传导式绩效管理培训、绩效考核制度问答、员工座谈会、满意度问卷调查、内部刊物等多种形式努力营造良好的沟通氛围,对沟通过程中员工提出的问题一一作答,对员工提出的积极意见和建议予以及时采纳,通过这些方式,可以增进企业与员工的相互理解,得到员工的信赖和支持,保证绩效考核管理方案的顺利实施。

第四节　制度保障

一　制度保障的内涵

企业管理制度一般情况下主要指的是企业内部的管理思想、管理形式，同时也会根据市场发展而提出适应潮流的发展制度。企业管理制度对企业各种活动与企业员工都起到约束作用，是企业的管理在企业不断发展中所形成的一种既定的习俗，将这些习俗以文字的形式表达出来最终就成为企业内部的管理制度。绩效管理制度则是企业绩效管理的标准规范，为实现科学、公正、务实的绩效管理提供指导，使之成为有效地提高员工积极性和公司生产效率的手段。绩效管理制度保障主要包括以下内容：

1. 培训制度

培训制度是指以规章制度的形式将企业的培训计划、要求、实施等方面加以规范化、严肃化。培训制度的内容主要包括总则、培训目的以及培训内容等。其中总则是通过培训提高企业的整体素质；培训目的即为什么培训；培训内容包括企业历史、企业文化、业务性质、企业战略、产品特点、组织机构、规章制度、岗位要求、工作条件、工作规范、技术手册、工作流程以及辅助性技能和素质培训等。

2. 考核制度

考核制度是指对职工工作绩效的质量和数量进行评价，并根据职工完成工作任务的态度以及完成任务的程度给予奖惩的一整套科学、合理、全面的考核制度。考核制度规定考核的最终目的是改善员工的工作表现，以达到企业的经营目标，并提高员工的满意程度和未来的成就感，考核的结果主要用于工作反馈、报酬管理、职务调整和工作改进。考核形式分为月度考核、季度考核、年度考核。

3. 沟通制度

沟通制度是指为规范公司内部沟通管理，建立畅通无阻的沟通渠道，及时消除上下级之间、协作岗位之间的认知矛盾、情绪障碍而形成的共识。沟通制度在整体上规定了上下级之间、多岗位之间、不同层级之间的沟通规范。上级在帮下级设定工作目标、制定工作计划时与下级进行沟通，达成"目标"与"计划"的共识；在绩效考核结果出来后，上级主动找下级进行沟通，与下级就"考核成绩"与"改进措施"达成共识。

4. 监控制度

监控制度是指为保证管理活动按计划进行，在企业中设立的对运行过程进行全方位监督、调整或修正的制度规范。为贯彻落实面向绩效的管理，企业应该建立基于绩效管理的绩效考评监控制度。绩效考评监控制度包括三方面的内容：第一，绩效目标计划，确定绩效目标及实现目标所需的资源；第二，绩效报告，提供有关绩效的基本信息；第三，绩效评估报告，对绩效目标计划和绩效报告进行评估。

5. 投诉制度

投诉制度是指为确保绩效考核的公平、公正，防止绩效考核实施过程中出现妨碍绩效考核公平、公正的行为发生而制定的管理制度。在绩效考核评议结束、绩效考核结果公布以后，被考核人若对考核结果持有异议，有权在考核结果公布以后向间接上级人力资源部提出书面申诉，间接上级应认真对待员工申诉，进行投诉审核处理。如果间接上级未及时处理或投诉人对处理结果不满意，员工可以向人力资源部提出二次申诉，人力资源部对申诉资料进行调查，将调查结果和处理意见报考评小组，考评小组评议后，确定维持原评议结果或调整原评议结果。

6. 反馈制度

反馈制度是指对绩效反馈中注意事项的条文规定。绩效反馈指绩效考核结果确定后，管理者将结果反馈给员工，并对员工上一考核周期的工作业绩、工作表现、行为表现和能力素质等进行综合评价，指出成功与不足之处，与员工共同找出绩效结果产生的原因，倾听员工的意见和需求，并给出指导性意见和建议，从而指导员工工作绩效持续改进的过程。同时，管理者要向员工传达组织的期望，双方对下一周期的绩效目标进行探讨，最终形成一个绩效合约。

二　制度保障的重要性

企业绩效管理制度是对企业进行绩效管理的重要基础，是绩效管理体系的灵魂。绩效管理制度的重要性体现在以下几个方面：

1. 有利于保证目标的有效传导

作为目标传导式绩效管理体系的起点，目标管理体系能否顺利运行决定了整个体系的成功与否。通过在企业内制定相关的培训制度、沟通制度和监控制度，保证了组织目标的有效传导。具体来说，培训制度保证了目标传导式绩效管理体系的内容被每个员工熟知，不仅如此，企业的使命愿景、战略目标、年度目标、经营目标和业绩目标也在培训过程中深入人心，在此基础上，企业上层目标才得以逐层细分向部门以及班组传导；沟通制度则保证了目标传导过程中信息的准确性，只有上下级之间有良好的沟通，才能避免因理解错误而造成的各种问题；尽管如此，这并不能确保目标的完全正确传导，因此监控制度必须发挥其监控作用，一旦发现某一级目标与上一级目标存在巨大差异时，就要与相关管理者取得联系并确认。这三种制度相互协作，互为补充，保证了目标管理体系中各级目标的有效传导。

2. 有利于保证绩效考评的公正

作为目标传导式绩效管理体系的核心内容，绩效评价体系公正与否关系到整个绩效管理体系能否继续得以实施。因此，通过一系列的制度保证绩效考评活动的公正显得尤为重要。通过上一节的介绍，考核制度、沟通制度和投诉制度是两类发挥主要作用的制度保障。具体来说，考核制度为绩效考核提供了制度依据，沟通制度为绩效沟通提供了制度依据，投诉制度则为绩效反馈提供了制度依据。在进行绩效考核时，不同部门、不同类型岗位的考核标准不同，这些标准在考核制度中都进行了详细的说明。考核结束时，将考核结果发放给员工，若员工对考核结果有异议，则可以根据投诉制度向上级或人力资源部提起申诉，投诉制度保证了每位员工的利益。若员工对考核结果没有异议，则可以进行绩效管理的下一步绩效改进，该过程是由直接领导和绩效管理人员以及员工共同商量下一阶段的绩效改进计划，分析本周期内做得不好的地方，对员工下一周期提出更高的要求，并形成纸质计划，保证下一周期的绩效考核有理有据。

3. 有利于保证绩效考核结果的应用

绩效考核若只停留在考核层面，那将失去考核的意义。很多企业进行绩效考核仅仅是为了薪酬分配，这就容易在企业内部滋生一些问题，导致效率低下，因此，制定相关的反馈制度以保证绩效考核结果在多方面得以应用是有必要的。例如，将绩效考核结果与员工奖惩体系和员工成长体系相结合，使员工每一周期的工作绩效不仅与当期绩效工资相关，而且关系到个人的年度绩效甚至未来的职业规划，通过这种方式，绩效反馈制度将绩效考核结果反馈到目标传导式绩效管理体系，整合了考核与应用两个阶段，保证了该绩效管理体系的整体性。

三　制度保障的建立

企业的发展离不开良好的外部环境，但任何外部环境的改善都无法取代企业内部管理，而企业内部管理之关键在于内部管理的制度化，即建立和健全一套系统、科学、严密、规范的内部管理制度。绩效管理制度作为保障绩效管理活动的企业规范，规定了绩效管理的业务流程、工作程序、议事规则等主要内容，从某种意义上说，就是企业在这方面的"法律"。绩效管理制度的质量和效率如何，直接体现了企业的管理水平，关系到企业绩效管理的有效性，进而决定企业的竞争能力，影响企业的生存与发展。因此，企业必须充分认识到绩效管理制度的重要性，努力搞好和推动企业相关制度建设。

第一，绩效管理制度建设应因企制宜，不可盲目沿袭和效仿。企业的情况千差万别，没有一套"放之四海皆准"的绩效管理制度，因此，企业应当结合自身的实际情况和管理现状，制定一套适合企业自身绩效管理的制度，不可盲目沿袭或套用他人已有的制度。同时绩效管理制度应当具备强烈的针对性和适应性，否则只能是粉饰门面的工具，成为一种摆设。

第二，企业领导应当从思想和行动上重视绩效管理制度建设。制度作为企业的"法律"，具有至高无上的权威性，企业所有员工都应当遵守和执行，包括领导在内。制定绩效管理制度的目的是通过对个人绩效管理和评估，提高个人的工作能力和工作绩效，从而提高组织整体的工作绩效，最终实现组织战略目标。无论是对领导还是对其他管理者，绩效管理制度都起到了约束作用，制止以权代法、以权压法的做法和某个领导说了算的现象，保证制度的权威性和平等性。只有企业领导高度重视绩效管理制度建设，以身作则，主动接受制度的约束，才能切实保证制定好的制度得以有效执行，才能保证绩效管理活动顺利进行。

第三，绩效管理制度应具有绝对的强制力和较强的执行力。制度能否有效执行关键在于制度的强制力和执行力，而制度缺乏强制力或执行力不强，常常是企业管理中无形的"软肋"，很多制度都是在执行过程中变形走样。绩效管理制度不能仅靠人们的自觉行为，必须通过强制性的手段来保证实施，包括采取适当的奖惩措施，轻则扣罚工资、减少奖金，重则降级免职，唯有如此才能从根本上解决执法不严、有章不循的现象，保证绩效管理制度的强制执行力和严肃性。

第四，绩效管理制度的建立离不开相应的监督机制。如果没有监督或监督措施跟不上，必然导致绩效管理部门在考核过程中睁一只眼闭一只眼、走后门、考核松弛等现象。监督是绩效管理制度能否有效实施的保证，企业只有建立配套的监督机制，特别是责任追究制度和督查制度，才能有效限制管理者的权力，纠正考核松散、执法不力等现象，保证每一个不利于提高组织绩效的行为都能够被发现并纠正，激励绩效管理者和各部门管理人员都能尽到勤勉和忠诚义务。如果没有监督，只会导致权力的扩张和膨胀，使绩效管理制度成为腐败的工具；没有监督，再完善、科学的制度都是一纸空文，起不到任何作用。

第五，企业的绩效管理制度应当公示，并体现民主和公平原则。制定绩效管理制度的目的是为了推动绩效管理活动的执行，而执行的前提是员工充分了解、知晓相关制度的内容，这就要求制定的绩效管理制度要进行公示，甚至是组织员工进行专门的学习和培训。可以在公示栏张贴，或分发制度手册，或进行专门培训学习，从而使制度宣传深入人心，增强制度的公开度和透明度。尤其要注意的是绩效管理制度由于关系到员工的切身利益，应充分征求、听取工会或员工代表的意见，以最大限度地体现民主和公平，保证该制度的有效和顺利执行。

第六，绩效管理制度的建立应因势而变，不断适应内外环境的要求。绩效管理制度由于作用范围广，在建立以后应尽可能保持相对稳定，但也不是一成不变，应随着外部条件的变化和内部管理的调整进行修改、修订。制度应适合时宜，因势而变，及时剔除滞后的内容，填补"真空地带"和消除"盲区"，保证绩效管理制度能够真正、有效地指导和规范企业的各项绩效管理活动，保证制度基本功能的充分发挥，不断提升和促进企业的绩效管理水平，提高企业整体绩效，保证组织目标的不断突破。

四　案例：神宁集团的制度保障措施

围绕目标传导式绩效管理体系，充分考虑制度保障建立原则，神宁集团在企业内部构建了多重制度保障，编制了一系列评价标准，构建了内部模拟市场，优化了人力资源配置，从制度上有效地推动了目标传导式绩效管理体系的全面落地，如图4-3所示。

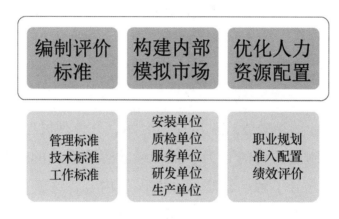

图4-3　目标传导式绩效管理体系的制度保障措施

1. 编制评价标准

各实施单位先后开展了企业标准化创建，通过健全完善管理标准、技术标准和工作标准，指导和规范组织与个人的各类行为，继而推进各项工作和考核标准的规范化与标准化。下面分别介绍评价标准的内容和编制过程。

（1）标准编制内容

如图4-4所示，神宁集团建立了管理标准、技术标准、工作标准等，为目标传导式绩效管理体系整体的顺利运行提供管理基础。

管理标准。是指对标准化领域中需要协调统一的管理事项所制定的标准。管理标准包括管理基础标准、技术管理标准、经济管理

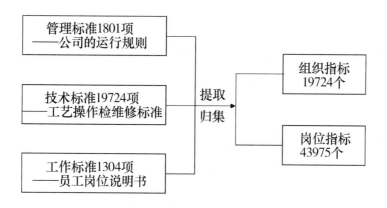

图4-4 目标传导式绩效管理标准组成

标准、行政管理标准、生产经营管理标准等。依据各单位管理职责，明确管理制度制修订要点。由各业务主管部门进行编制，分级会审。

技术标准。是对标准化领域中需要协调统一的技术事项所制定的标准，一般分为基础标准、产品标准、方法标准和安全、卫生、环境保护标准等，是从事科研、设计、工艺、检验等技术工作中共同遵守的技术依据。企业进行了项目建设技术标准框架设计，参考设备技术参数、操作规程、技术方案等。

工作标准。是对标准化领域中需要协调统一的工作事项所制定的标准，是对工作的范围、责任、权利、程序、要求、效果、检查方法等所作的规定，是按工作岗位制定的有关工作质量的标准。工作标准包括管理业务工作标准和作业标准。依据部门职责，进行岗位工作标准体系框架及模板策划，编制岗位工作标准。

（2）标准编制的过程

标准的编制分为统一编制规范、梳理业务流程、对标、评审等四大主要步骤。

统一编制规范。参考 ISO9001 质量管理体系、ISO14001 环境管理体系、GB/T28001 职业健康安全管理体系、神宁集团风险预控体系、AQ3013 危险化学品从业单位安全标准化通用规范等五大标准，制定三类标准的模板并进行培训。

梳理业务流程。分别针对生产经营中的生产管理、设备管理、工艺管理、成本管控和项目建设中的计划控制、费用控制、造价管理、设计和工程变更、招投标管理以及共有的绩效管理、采购管理、合同管理等关键业务流程进行系统分析。

对标。分别开展与行业领先企业、设计标准、历史最优值进行对标，以确保各项业务活动能充分满足上级公司规定的要求。

评审。通过部门内审、集中会审和专家评审层层把关，对体系设计方案和各阶段工作成果进行分析讨论，以确保体系的适用性及可操作性，同时对不同部门相互关联的文件之间的接口进行梳理统一，避免同类业务在不同文件中的规定交叉、重复或矛盾。

通过管理、技术、工作三大标准的编制，将各标准值与指标进行匹配后选取上传绩效一体化平台，最终转化形成了 KPI 指标目标值，为信息平台的自动考核提供比对基准。

2. 构建内部模拟市场

内部模拟市场是以各厂（中心）作为内部市场主体，构建内部市场运作模式，各主体之间模拟市场运作模式提供服务，通过工序链按定额核算进行市场链接，构建以利润最大化为目的、以成本管控为主线的内部市场化管理模式。

（1）编制内部结算定额

充分调研服务频次和服务方式，按照服务项目，参照市场人工费、工程定额、类似服务定额，结合服务单位实际，分类编制 5 大项、5842 小项定额，形成作业各主体间交易和结算的基准。

（2）规范运行机制

如图 4 - 5 所示，内部模拟市场运行主体有安装单位、质检单位、服务单位和研发单位，下面分别介绍各单位的结算标准。

安装单位：检修及保运任务由被服务单位根据检修保运合同进行考核后按人工日结算；需要实施的阀门打压、电气试验、安全阀

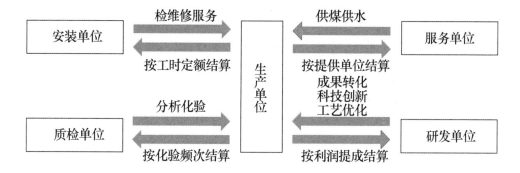

图 4-5 内部模拟市场运行机制图

调校、缠绕垫加工、机加工业务和皮带粘接等业务由安装检修单位负责实施，按照制定定额标准结算，考核有争议时由主管部门裁定。

质检单位：各单位生产过程的中间控制、动火和有限空间作业、进厂原辅材料分析检验、产品出厂质量检验、计量器具检定、职业卫生检测、环境监测及安全检测等业务按下达的检验频次、计划及定额结算；频次及计划外增加检验项目属加样分析，按相应项目定额乘以难度系数结算。

服务单位：配煤、供水按核定费用标准进行结算；其他服务根据后勤满意率结算兑现经费。

研发单位：运用研发成果降低消耗节约成本的，节支额计入各生产单位生产成本，同时作为研发中心收入；运用研发成果增产增加的收入作为研发中心收入，增加的产量在核算生产厂成本时调减；运用研发成果提升产品质量提高产品售价的，经确认，增收部分作为研发中心收入，同时调减生产厂收入。

3. 优化人力资源配置

（1）职业规划

设置了管理、技术、操作三类职业发展通道。管理人员职业通道分别为一般管理、副科、正科、副处、正处等；技术人员职业通道分别为四级师、三级师、二级师、一级师、专家、高级专家、首席专家等专业技术职务；操作人员职业通道分别为初级技工、中级技工、高级技工、三级技能师、二级技能师、一级技能师、技能大师、首席技能大师等职业技能等级。

（2）员工准入与配置

员工的准入与配置根据企业人员供给需求分析，招聘渠道的分析与选择，员工准入条件、招聘方案的实施，采用对应的招聘与配置策略进行。熟练工人招聘通过专业理论知识测试、实际技能操作演练、面谈的方式进行筛选。院校生招聘人员采用专业理论知识测试、压力测试、面试等方法选拔。管理及技术人才的招聘使用领导小组讨论、结构化面试、情景模拟测试等方式甄选。通过分层、分类分析法对员工成绩进行合理科学的分析。

针对招录的人员进行入职培训，从中理解企业的文化、管理制度、薪酬待遇以及岗位的工作职责、岗位要求，根据个人的综合测试结果，提出员工的岗位匹配结果，招到最为合适的人选，达到人岗匹配的效果。

（3）员工绩效评价

如图4-6所示，员工绩效档案是一个关于员工工作目标和标准的契约，是绩效计划的最终表现形式，记录了员工培训、升迁、奖励和惩罚等相关情况，是员工评价的重要依据之一。

绩效档案以员工月度平均绩效成绩作为年度绩效基准分，根据年度获奖、创新和处罚情况如个人表彰、论文发表、专利获取等进行0.5—5分区间内的加减分，最终形成员工的年度绩效得分并记录形成绩效档案。绩效档案全面应用于员工绩效评价的各个环节，最终与员工职业生涯发展相结合。

在绩效档案的应用过程中，针对不同单位间评价尺度无法统一的问题，将对绩效档案得分进行分值标准化调节。例如，单位总人员的10%设为一级区间赋值100分、单位总人员的40%为二级区间赋值95分、单位总人员的40%为三级区间赋值90分、单位总人员的10%为四级区间赋值85分。

员工绩效档案

年份：2015　　选择人员 🖳

1. 基本情况

姓名	张三	性别	男	出生年月	1970.7	民族	汉
参加工作时间	1990	员工编码	1111	身份证号	2111476298 7	更多	…

2. 绩效档案

年度	年度成绩	1月	2月	3月	4月	5月	6月	7月	8月	9月	10月	11月	12月
2015	98	98.2	96	89.9	93.1	95	89.3	98	93.7	90.6	95	89.7	91.2
2014	96												
2013	97												
平均成绩	97												

3. 岗位变动记录

2015年2月，张三从公司机关人力资源部人事专员调任为科长。

4. 竞聘情况

2013年6月1日，张三竞聘质量总监，竞聘失败。
2014年6月2日，张三竞聘总工程师，竞聘成功。

5. 培训情况

2013年8月13日，参加全员绩效管理培训会。
2014年10月9日，参加员工职业技能培训会。

年份：2013 ⚙ 2015 一 平均成绩

机构	姓名	平均成绩
信息管理部	张三	99
计划经营部	李四	98
财务部	王五	98.2
人力资源部	赵六	97.6

图4－6　员工绩效档案

（4）结果应用

员工绩效档案是优化人力资源配置的重要依据，目前已经被应用到员工职务晋升、职称评定与技能鉴定、评先选优、岗位调节等人力资源配置实践中，例如，表4-1至表4-3分别列出了不同类型员工的晋升通道、职称评定与技能等级评定以及岗位调节标准。

表4-1   员工晋升通道

员工类别	晋升方向	评价方法
管理人员	一般管理晋升科级	绩效得分 + 民主测评 + 竞聘
技术人员	技术职务	绩效得分 + 民主测评 + 专业评定
	管理职位	绩效得分 + 民主测评 + 岗位匹配度
操作人员	班组长选拔	绩效得分 + 民主测评 + 竞聘
	操作人员转管理岗	绩效得分 + 民主测评 + 专业评定
	班组长晋升科级	绩效得分 + 民主测评 + 竞聘
	班组长转管理岗	绩效得分 + 民主测评 + 专业评定

表4-2   员工职称评定与技能等级评定标准

员工类别	评定方式	具体方法
技术人员	职称评定	绩效得分 + 论文评价得分 + 专家评审得分
操作人员	技能等级评定	绩效得分 + 理论知识评价得分 + 实际操作评价得分 + 首次过八关综合得分

表4-3   岗位调节标准

岗位类别	具体方法
管理岗位	一般管理（工程技术）岗位人员，连续两年个人绩效考核年度考核成绩低于85分者，调整到操作岗位工作
技术岗位	技术岗位人员，连续两年个人绩效考核年度考核成绩低于85分者，降到操作岗位
操作岗位	操作人员，连续两年个人绩效考核年度得分低于85分者，主操降为副操，副操降为一般操作人员，其他人员岗位工资相应下浮一级

第五节 技术保障

一 技术保障的内涵

技术保障在本书中指的是为保证目标传导式绩效管理体系的顺利实施而提供的信息技术和管理技术等方面的相关因素。信息技术是应用信息科学的原理和方法研究信息产生、传递、处理的技术。管理技术则从绩效管理的角度为绩效评价工作的实施提供理论和统计上的支持。

1. 信息技术的特征

渗透性：信息技术是信息处理和传输的现代先进技术，绩效管理所需的信息是时时刻刻生成并不断变化更新的。这些数据广泛存在于企业各个相关部门，高效的信息处理和传输技术尤为重要，因此其呈现出强大的渗透性，在相当短的时间内就能迅速渗透到各个部门甚至是各个岗位，使信息的处理和传输变得更加容易、科学，信息可以同时在所需要的许多绩效管理部门出现并实现共享。

创新性：信息技术的创新性既体现在信息技术自身的创新性，也体现在信息技术被应用后产生的管理创新。信息技术自身的创新性可以从信息技术的发展历程看出，信息技术是在大规模科学研究和重大发明的基础上产生和发展的，从半导体、微电子到现代的卫星通信、光导纤维，这些划时代的创新技术无不体现了信息技术的创新性。信息技术在企业中的应用给企业的管理带来了巨大的变革，例如办公自动化、考核自动化、计算机辅助制造、决策支持系统、策略资讯系统等，提高了企业各项管理活动的效率。

战略性：信息技术具有重要的战略作用，在改变传统的文化、政治、经济的同时，作为一个独立的产业已脱颖而出，引起世界各国的高度重视，将其置于战略地位。各国提出的国家信息基础设施计划就是一项以信息技术为中心，带动整个国民经济、社会、科学技术等全面发展的一项重要战略计划，我国也提出了"发展高科技、实现产业化，以信息化带动工业化，发挥后发优势，实现生产力跨越式发展"的战略目标。

除此之外信息技术还具有竞争性、开放性、增值性、高额投入性等多项特征。这些特征使信息技术区别于其他技术，在各领域均产生了深刻影响，对企业的管理也影响深远。

2. 管理技术的特征

导向性：现代企业是一个由多种技术汇集而成的系统，要使企业系统的最终输出能满足社会的需要，并同时满足企业自身发展的要求，这就不仅要求企业拥有相当水平的各门专业技术，更重要的是利用各种有效的管理技术，方能使得企业的整个生产与业务管理过程按照预定的目标顺利进行。管理技术能促使有关专业技术有效地结合起来，使各项管理工作顺畅高效地运转，为各种管理活动提供参考依据。

系统性：任何一种管理活动都是由许多不同的相互关联的要素构成的。任何一种关系，任何一个参数的变化，都将导致其他许多参数的变化。系统中增加一个或几个要素不仅会导致关系的增多，并且原有的全部或大部分关系也将随之改变。所以，管理的各种状态要求人们无论是在分析其结果，还是在设计、控制其过程，或预测其未来时都应从整体、系统的方向来进行考虑。也就是说，只有将目的、目标与功能综合起来，将人、机、物、信息等元素等概率地列入，并赋予一定的约束条件，来考虑采取最佳的工作程序才能达到企业系统的要求。

创造性：任何管理状态，除了有一定的必然性、可控性、逻辑性、系统规律以外，还往往不同程度地具有一定的偶然性、随机性、非逻辑性、交叉性和不可控性。越来越精确的定量分析与逻辑判断固然对各种管理状态的控制、分析是十分必要的。但是，只根据这些定量分析的数据、逻辑判断的结果来进行系统设计和战略决策，是不够现实和不太客观的，要实现最佳的管理状态，更多的是需要创造性工作。

二　技术保障的重要性

技术保障，无论是信息技术还是管理技术，它们都可以提高管理者对绩效管理的能力，既加强了决策的有效性，又提高了管理者的工作效率。信息技术的使用有利于企业实现绩效管理信息化，通过对流程的优化以及对绩效管理人员信息化水平的提升，改善企业内部的绩效管理，使企业更好地提升内部控制能力，提高考核效率，降低考核成本，更好地为企业管理者提供准确及时的信息支持，提高决策正确性，降低企业风险等。管理技术的使用则有利于提高企业绩效考核的公平性、合理性，利用信息技术提供的各项指标建立起完善的考核指标库，将定性的管理理论与定量的绩效考核数据相结合形成整体统一的绩效管理体系。具体来说，信息技术与管理技术相结合提供的技术保障具有以下几个方面的突出作用。

1. 有利于及时进行目标管理

信息技术有助于企业快速方便地获取外部环境信息，及时分析企业所面临的机会与威胁，实现企业战略目标的及时调整和转移。战略管理结构观认为产业结构决定了产业内的竞争状态，并决定了企业的行为及其战略目标。因此，战略目标的制定要基于对当前市场上产业结构的分析。要制定一个好的战略目标，首先必须对企业外部环境和企业利益相关者的有关信息作出及时的收集分析，从而发现企业所面临的机会与威胁。利用互联网等信息技术，企业既可以获得宏观环境方面的信息，也能获得本行业及利益相关者如政府、用户、供应商、金融机构、社区等各方面的信息。运用"信息高速公路"能使企业对其所处的产业环境、行业吸引力、盈利水平作出快速、准确的分析，从而及时地对企业的战略目标进行有效的管理，有力地采取紧缩战略、稳定战略或发展战略，乃至采取多元化战略，只有战略选择正确，才能保证目标管理体系发挥其先导作用。

2. 有利于进行系统化绩效管理

企业内部绩效管理一体化平台作为信息技术和管理技术的统一，一方面使得企业内的各种信息畅通无阻，另一方面使得绩效考评实现高度公平合理。企业的高层管理、职能管理、各部门各层管理人员以及全体员工都可以利用该平台随时了解到公司目前及过去一段时间的绩效情况，从而找到自己在公司中的定位，并及时发现自己与优秀员工之间的差距，不断帮助员工进行绩效改进。公司管理层可以方便地利用该平台对考核指标以及评价方案进行动态化管理，来不断地强化企业绩效管理理念、进行绩效监控，并及时调整在生产运营过程中出现的偏差。此外，一体化的绩效管理平台使得公司管理模式趋向于扁平化、网络化，使得每一个员工都能对企业的绩效管理提出自己的意见，参与到企业的绩效管理制度建设中去，有利于实现绩效管理的民主化。总之，技术保障使得企业在进行绩效管理过程中能同时对多种管理对象进行综合管理，从上到下实现了全面监督，从下至上也完善了制度建设，有利于帮助企业实现系统化绩效管理。

3. 有利于实现全员全程绩效管理

对管理者来说，全员全程的绩效考核管理，人力资源部的工作量很大。这个时候，信息技术让全员全程的绩效管理成为可能。随着公司规模的增大，很多公司的考核对象都不能实现实时接触，但通过信息技术可以实现目标沟通，而用传统的方式则无法实现。另外，不同的部门往往采用不同的考核模式，比如市场部门是以业绩目标为主的，而辅助部门可能采用360度的考核方法。360度考核有很多近视效应，比如"老好人"现象，实际上采用传统的方式，确实解决不了这些基本的问题，所以最后使考核流于形式。而在绩效考核管理中使用适当的管理技术可以解决这些问题。比如在考核过程中控制只能评20%的优秀、10%的不合格，如果某管理者想当"老好人"，相应的管理系统就会提醒操作不可行。这就有效地避免了考核全优的现象，使员工之间的差距真实地显现出来。同时，基于信息技术的绩效管理技术能够将员工的绩效考核精确到每一分钟，尤其是生产操作岗，有效杜绝了磨洋工的现象。

4. 有利于强化绩效结果分析，支撑人事决策

众所周知，大部分企业内部的绩效管理系统是孤立的，存在绩效管理流程不完整的问题，往往只重视绩效计划和绩效考核，忽视了绩效反馈和绩效改进。究其原因，根本上是因为员工绩效相关的数据缺乏，在没有数据支撑的前提下无法进行相应的分析和改进。技术保障解决了这一问题，一个完整的绩效管理系统在底层是共享各个部门所有员工的绩效数据的，不管是在哪个阶段，以数据驱动的绩效管理更具说服力。在绩效考核结束后，当期绩效不仅要用于绩效改进，更要与薪酬激励相挂钩，只有这样才能真正实现绩效考核的意义，从根本上激励员工通过各种途径提高个人绩效水平。激励员工的方法总体上可以分为两类：一类是薪酬，这是员工当期绩效的直接反映，绩效优秀的员工必须比绩效稍差的员工拿到更多的工资和奖金以及其他的一些福利，如果不存在差距，就没有人愿意争当先进，良好的技术保障通过制定有效的薪酬计算模型，充分利用各级考核指标，量化员工绩效，实现可视化的薪酬管理。另一类是人事决策，这是员工当期绩效的间接反映，通常情况下将员工一个季度或一个年度的绩效成绩作为下一年度岗位晋升调整的依据，这种方式关系到员工未来的职业发展，对员工更具约束力。因此，技术保障通过记录员工每天、每月、每年的绩效考核结果，建立可追踪的长期员工绩效档案，不仅实现了纵向的自我比较，也实现了不同部门员工之间的横向比较，为员工岗位调整以及职称评定等人事决策提供了客观依据。

三 技术保障的建立

尽管技术保障涵盖信息技术和管理技术两大类，但实际实施过程中二者并非相互独立，相反二者之间应当保持亲密的联系，在发展过程中应当齐头并进。一方面，随着社会的进步，传统组织的工作模式已然发生了巨大的变革，以信息技术为代表的企业信息化在企业管理中的应用越来越广泛，功效也越来越显著，尤其是绩效管理信息化在近些年受到了各大企业的大力推广。与此同时，高度重视信息技术的引进远远不够，还需要配套的管理技术作为核心考核层，也就是说，信息技术仅仅是绩效管理的工具，更重要的还是要和相应的绩效考核方案相结合。具体来说，要做好以下几个方面的工作：

1. 更新观念、提高认识

高效的绩效管理体系需要以信息技术作为保障，目标传导式绩效管理体系也不例外，可以说信息技术是企业实现信息化管理的必然要求。作为企业领导者、管理者，首先应该明白信息技术在绩效管理中作为一种技术，是管理的一种手段和方式，也是管理的工具，但并不是管理的最终目的、目标，它在绩效管理中主要起辅助的作用，要服务于企业、服务于人、从属于战略目标，要为完成企业绩效目标而发挥其重要作用。正如电话、传真等都是传统企业所不可缺少的管理工具，随着社会的发展，也许若干年后还会有比信息技术更先进的技术应用于企业管理中。企业在引进信息技术进行绩效管理时应从长远考虑，要勤于学习、敢于创新、敢于行动，以全面、系统的观点去进行信息化建设，始终以人为本，以市场为取向，以务实为目的，强调系统性和综合性。所以，企业管理者在制定企业目标和战略决策时，尤其在宏观方面，就应该把握住方向，使信息技术始终服务于企业目标、始终围绕信息的载体——人而展开；否则，就会导致开发出来的绩效管理系统无法适应员工工作的需求，更不用说提高管理效率、降低管理成本、获得超额利润等，而且还会成为企业的负担。因此，企业在进行绩效管理信息化建设时，首先就要树立正确的理念，提高认识的高度。

2. 强调技术的实用性

技术，无论是信息技术还是管理技术，在企业管理中如何解决实际问题，已成为当今衡量管理者工作业绩的主要指标。我们应该注意的是：企业需要的不是技术上的神奇，而是技术的实用性，要把技术转化为生产力，为企业带来效益、利润。企业在进行绩效管理信息化建设时必须走一条循序渐进的道路。在横向层级上，要从某个部门出发，实现集成化、智能化和信息化的管理，不断进行技术创新，不断实践不同的薪酬以及考核管理模型，当某个部门的绩效管理系统相对成熟以后再推广至其他部门，把技术用到关键操作上去，用到实处，高效地利用有限的人力资源，创造出企业高的绩效成就；在纵向层级上，通过技术跨越企业管理层级的限制，实现真正意义上的畅通于管理者、基层员工和考核单位之间的信息链和价值链。只有技术能为企业的绩效管理带来帮助，才能称之为技术支撑的绩效管理系统。

3. 领导重视，强化推动

目前，企业领导者除了自身要重视创新技术的应用、理念要更新、认识要提高外，还要强化推动新技术的应用，带领所有绩效管理部门员工学习、应用相对成熟的绩效管理技术，提高知识水平。因为对于信息技术、先进管理理念，不能知而不解、知而不行，还要不断去学习、领悟，要敢于创新、敢于采取相应的行动，才能使技术服务于企业的绩效管理活动，才能获得更好的业绩。为此，企业要做到以下四点：第一，领导重视，领导作为企业的管理者，对推动绩效管理信息化起到至关重要的作用，只有领导重视并予以支持，各层管理者才会相应的配合，绩效管理活动才能实现信息化。

第二，进行相应的技能培训，由于员工的职业素养不同，在上线了新的绩效管理系统后应对系统使用人员进行系统化的培训，系统发挥作用是以员工充分了解绩效考核规则并熟练使用系统操作为前提。第三，加强宣传教育，普及绩效管理创新观念，企业在引入绩效管理系统之初可能会受到员工的排斥，因为新技术打破了他们原有的工作方式，通过信息技术实现对他们的实时监督在一定程度上会引起他们的反对，这个时候就需要大力宣传绩效管理信息化的必要性，在企业内树立正确的观念，以得到所有员工的认同。第四，定期对技术进行更新，尤其是管理技术。任何考核模型，包括各项考核指标、考核技术、计算方案都不能一劳永逸，随着绩效管理活动的进行，应当定期对之前的内容进行更新，及时收集员工反馈的意见，进行实际充分的论证，在此基础上对原有绩效管理系统进行技术上的更新和维护。

4. "两化"的进一步融合

"两化"融合（信息化和工业化融合）是信息化和工业化发展到一定阶段的产物，是指电子信息技术广泛应用到工业企业的各个方面和各个环节，信息化成为工业企业经营管理的常规手段。信息化进程和工业化进程不再相互独立进行，不再是单方的带动和促进关系，而是两者在技术、产品、管理等各个层面相互交融，彼此不可分割。"两化"融合是信息化和工业化的高层次的深度结合，主体是工业化发展，核心就是信息化支撑，追求的是可持续发展。"两化"融合发展体现了信息化和工业化发展的内在要求，是中国特色新型工业化道路的重要内容，也是实现经济发展方式转变的重要途径。"两化"融合是技术保障的统一，是信息技术与工业企业管理技术的完美结合。要想建立完善的技术保障，推动"两化"的进一步融合十分必要。因此，企业必须紧跟国际信息技术发展的新潮流，探索和推动信息化和工业化深度融合，创新思路举措，务实高效推进企业"两化"融合工作。要加强对企业"两化"融合的统筹协调；加快规划实施，坚持示范带动，积极探索企业"两化"融合新经验；拓宽资金渠道，加大资金扶持力度；改善公共服务，构建推进"两化"融合支撑服务体系；构建"两化"融合评价指标体系、评价机制，出台激励措施；努力培养应用复合型人才，等等。

四 案例：神宁集团的技术保障措施

目标传导式绩效管理体系相对于其他绩效管理方案，其创新性不仅体现在实现了绩效管理中的目标传导，同时也体现在目标管理体系、绩效评价体系、薪酬激励体系、员工成长体系四大体系的整合。"四体系"之间紧密地结合在信息技术上得益于绩效管理一体化平台的支撑，在此基础上，三级计量体系是将物理信息转化为数据信息存储至一体化平台的另一信息技术保障。除此之外，管理技术保障方面包括建立了完善的 KPI 指标库、组织和岗位计分卡以及计分制薪酬模型。

1. 信息技术保障

（1）一体化信息平台

神宁集团以考核提醒、绩效追溯、指标监控、对标分析为顶层目标，以目标管理体系、绩效评价体系、薪酬激励体系、员工成长体系为主线，以本安信息化管理系统、生产实时数据库系统、实验室信息系统、综合管理系统、项目管理系统、知识管理系统、操作培训系统、巡检定位跟踪系统、污水在线监测系统、党建信息化系统、全面预算管理系统等 11 个信息系统为支撑，采用 SQL、Web、Java、PHP、Html、WebService 等信息化技术，建立了接口代理服务器、单元核算、矩阵数据源、日清日结、任务督办、工作量化、满意度测评、对标分析八个功能模块，最终构建了以大数据挖掘、云计算分析为载体的一体化信息平台。该平台通过异构系统集成、跨业务网络协同、全面承载目标传导式绩效管理模式，强化目标传导机制，细化绩效循环力度，实现了绩效管理的数字化、智能化。例如，各信息系统能够按需在不同的时间频率点采集指标数据，并对数据进行处理与分析，随后向平台使用人员实时展示，以改进内部信息不对称的问题。同时，通过让各部门及时掌握其绩效目标的完成情况，并对其绩效计划与实施进行及时的调整，进而增加绩效循环的频次，以保障绩效目标的顺利完成。

（2）三级计量体系

为保障定量指标考核数据的自动采集，构建了如图4-7所示的三级计量体系。具体包括企业对各分厂煤、水、电、气、化学药剂输入、产品产出的一级计量体系，厂对车间原料、水、电、气消耗、中间产品产出的二级计量体系，车间对班组产量、消耗、操作三大指标控制的三级计量体系，使得各生产厂当班指标消耗和产品产出直观明晰，为班组核算、成本控制、目标实现提供了重要的基础数据。

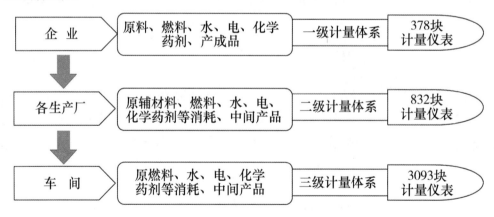

图4-7 三级计量体系

设备配置：依据管理与计量对象的需要，按电能、原水、天然气、电子汽车衡、电子轨道衡、电子定量、复检秤等分类别选配安装一级计量仪表378块，二级计量仪表832块，三级计量仪表3093块。

数据采集：由测量仪表采集的计量数据大部分由信息系统直接提取，另一小部分定期抄表上传至信息平台，绩效一体化平台在记录数据的同时，自动与考评指标标准进行对比，得出结果作为考核依据。

2. 管理技术保障

（1）关键绩效指标（KPI）库

根据企业战略目标和年度目标，结合企业管理标准、技术标准及工作标准，对指标层层分解，建立了一整套涵盖组织和岗位的KPI库。该指标库为目标传导提供了实现方式，为绩效考核提供了客观测量。

目标传导，将战略目标逐级传递至员工。首先由战略入手来界定企业所要获得的目标成果，进而对公司目标进行分解，并结合各级组织的职责和业务重点，形成各级组织及每个岗位的KPI。其具体实施步骤为：分析企业战略，明确实施目标；依据企业目标，确定各级组织KPI；依据组织KPI，确定岗位KPI；确认KPI评价标准。如图4-8所示，公司年度的成本目标为原料煤单耗1.68吨/吨甲醇，目标逐层分解，气化车间的KPI为标方变换气耗煤量≤0.49千克，班组KPI为煤浆浓度≥59%，员工的岗位KPI为有效气成分≥78%。

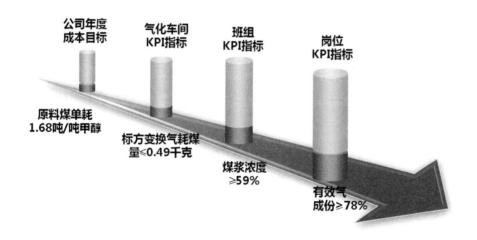

图4-8 目标分解传导图

以定量指标考核为主，定性指标过程量化评价。充分利用智能工厂各专业系统数据集成的优势，实现各层组织、岗位的 KPI 指标横向与纵向的扩展。横向上涵盖了生产指标（产量、质量、工艺、能耗、巡检、培训等）、设备指标（完好率、连锁投用率、自控率等）、安全指标（事故、隐患、环保等），纵向上实现了从月度绩效数据出发，直至班组当班数据的追根溯源，实现了定量指标占总指标的 80% 以上。利用任务安排、工时核算等模块，将管理人员和辅助生产人员指标借助系统实现量化，提高此类人员关键业绩指标评价的可操作性。利用任务安排和工时核算模块，在系统中下达任务并跟踪督办，实现了管理人员和辅助生产人员定性指标的量化考核。

（2）组织和岗位计分卡

单位和部门结合管理特征设安全管理、关联指标、专业指标、综合评价、职责履行和重点工作六大类指标，统一建立组织计分卡（FSC）441 张。以关键业绩指标（KPI）为基础，建立岗位计分卡（PSC）4661 张。生产操作人员指标从岗位可控的诸多温度、压力、液位、转速等指标中提取关键业绩指标。生产管理人员指标对岗位主管的工艺指标设置总平稳率、合格率等进行考评。管理人员指标从梳理岗位周期性固定工作出发，将年、月度重点工作分解制定节点计划，批量导入系统督办。专业化服务人员指标通过制定检维修、分析化验工时定额，根据完成的工作任务套用定额计算员工工作量。表 4 - 4 至表 4 - 6 分别给出了某车间绩效计分卡、某班组绩效计分卡和某中控主操岗位计分卡的示例。

表4-4 　　　　　　　　　　　某车间绩效计分卡

一层分类	二层分类	指标名称	目标值	数据来源
本质安全型（40%）	定量	事故事件	事故数0起	本安信息化平台
		隐患整改	隐患排查100%	
		非计划停车	不发生非计划停车	
		工艺指标合格率	合格率≥98%	PI系统
		巡检到位率	巡检率100%	巡检定位系统
		气化炉运行周期	气化炉连续运行不低于45天	
	定性	日常管理工作	按照规定开展各项工作	GCP平台
质量效益型（50%）	定量	变换气耗原料煤量	≤0.49千克/标方	
		修理费	月度检修费控制在计划范围内	
		培训成绩	考试合格率≥90%	
		外排废水排放	$COD \leq 600mg/l$，$SS \leq 100mg/l$，$NH_3-N \leq 300mg/l$	污水在线监测系统
		吨甲醇废水排放量	去460废水排放量控制在$110m^3/h$	
	定性	日常管理工作	按照规定开展各项工作	
和谐发展型（10%）	定量	支部建设	按《公司8+X星级党支部考核实施细则》得分进行考评	GCP平台
	定性	日常管理工作	按照规定开展各项工作	

表4-5 　　　　　　　　　　　某班组绩效计分卡

一层分类	二层分类	指标名称	目标值	数据来源
本质安全型（55%）	定量	事故事件	事故数0起	本安信息化平台
		隐患排查整改	隐患排查、整改率100%	
		巡检到位率	巡检率100%	巡检定位系统
		指标控制	工艺指标合格率≥98%	LIMS系统
	定性	日常管理工作	严格按照各项管理规定开展各项工作	GCP平台

一层分类	二层分类	指标名称	目标值	数据来源
质量效益型（35%）	定量	煤浆浓度	≥59%	GCP 平台
		煤浆添加剂	≤0.0026971 千克	
		工艺指标	控制在指标范围内	
		修理费	月度检修费控制在计划范围内	
		合理化建议数量	每个小组每月开展活动次数≥1 次	
		外排废水排放	$COD≤600mg/l$，$SS≤100mg/l$，$NH_3-N≤300mg/l$	
		吨甲醇废水排放量	去 460 废水排放量控制在 $110m^3/h$	
	定性	日常管理工作	严格按照各项管理规定开展各项工作	
和谐发展型（10%）	定量	班组建设	按《车间班组建设考核细则》得分进行考评	GCP 平台
	定性	日常管理工作	按《车间和谐发展型考核细则》进行考评	

表 4 - 6　　　　　　　　　　某中控主操岗位计分卡

一层分类	二层分类	指标名称	目标值	数据来源
KPI（80%）	产量	甲醇产量	完成月度计划	GCP 平台
		变换气产量	完成月度计划	
	安健环管理	一般事故	无事故发生	本安信息化平台
		隐患治理	隐患治理率100%	
	生产管理	灰水悬浮物	≤80 毫克/升	LIMS 系统
		变换气 CO 含量	19%～24%	
		气化炉有效气成分（$CO+H_2$含量）	≥78%	
		气化炉压力	≤4MPa	PI 系统
		A 气化炉连续运行天数	气化炉运行周期≥45 天	GCP 平台
		B 气化炉连续运行天数	气化炉运行周期≥45 天	
		C 气化炉连续运行天数	气化炉运行周期≥45 天	
		工艺连锁投用率	一级连锁投用率100%	巡检定位系统
	……	……	……	……
定性（20%）	定性考核	日常管理工作	按规定完成各项工作	GCP 平台

目标传导式绩效管理

（3）计分制薪酬模型

建立自下而上的考评分值统计和自上而下的薪酬分配数学模型，运用优序图法、360度评价法、区间系数法等方法设置组织和岗位调节系数，为薪酬激励体系的公平性提供保障。

在年薪方面，领导班子年度评价及年薪与绩效得分挂钩。

在效益工资方面，组织和岗位调节系数与绩效得分挂钩。设置组织和岗位调节系数的步骤如下：

第一步：根据实际工作需要，选取3—4个维度指标，对组织总体工作难度与量度进行评价。例如，我们可以选用工艺难度、建设规模、管理难度和风险控制四个维度进行评价。

第二步：采用优序图法，确定所选取的评价维度指标的权重，如表4-7所示。

表4-7　　　　　　　　　　　优序图法计算权重示例

	A-工艺难度	B-建设规模	C-管理难度	D-风险控制	合计	最终权数
A-工艺难度		1	0.5	0	1.5	0.25
B-建设规模	0		1	0.5	1.5	0.25
C-管理难度	0.5	0		0.5	1	0.17
D-风险控制	1	0.5	0.5		2	0.33
总合计					6	1.00

第三步：采用360度评价法，运用对偶分析法与层级分析法，做各维度下的组织得分与排序，如表4-8所示。

第四步：采用区间系数法，依据组织排序得出其得分值。

第五步：通过加权平均各维度下得分，即可求得组织的绩效调节系数，如表4-9所示。

表 4－8　　　　　　　　对偶分析法计算各维度下组织得分示例

指挥部领导：□　　　副总师：□　职能部门负责人：□　基层单位负责人：□

A　　　　B	办公室	甲管理部	乙管理部	丙管理部	丁管理部	戊管理部	己管理部	庚管理部	辛管理部
办公室	/	0.3			0.5				0.7
甲管理部	/	/	举例：当认为办公室（A单位）的管理难度小于甲管理部（B单位）时，此处填入0.3，即A<B		举例：当认为办公室（A单位）的管理难度等于丁管理部（B单位）时，此处填入0.5，即A=B			举例：当认为办公室（A单位）的管理难度大于辛管理部（B单位）时，此处填入0.7，即A>B	
乙管理部	/	/	/			深灰色区域单位均为字母B代表单位			
丙管理部	/	/	/	/					
丁管理部	/	/	/	/	/				
戊管理部	/	/	/	/	/	/			
己管理部	/	/ 浅灰色区域单位均为字母A代表单位	/	/	/	/	/		
庚管理部	/	/	/	/	/	/	/	/	
辛管理部	/	/	/	/	/	/	/	/	/

对比分值含义说明：以字母A代表纵坐标单位，字母B代表横坐标单位，两两比较中，当A单位小于B单位时＝0.3；当A单位等同于B单位时＝0.5；当A单位大于B单位时＝0.7。

表 4－9　　　　　　　加权平均法计算组织绩效调节系数示例

序号	部门名称	工艺难度	建设规模	管理难度	风险控制	综合系数
1	甲项目部	1.1600	1.1433	1.1767	1.1733	1.1658
2	乙项目部	1.1733	1.1367	1.1300	1.1367	1.1456
3	丙项目部	1.1167	1.1433	1.1500	1.1467	1.1379
4	丁项目部	1.0800	1.1033	1.0767	1.0767	1.0814
5	最终权重	0.3055	0.1444	0.3166	0.2333	

下面举一个完整的例子来说明计量模型的构建过程。假设某单位有员工30名，其中：总经理1人，副总经理2人，下设甲、乙两个机关部门，丙、丁两个基层单位，具体信息如表4－10和表4－11所示：

表 4 - 10   某单位机构信息统计表

序号	机构	人数	组织系数	组织绩效得分
1	甲部门	3	1.1	90
2	乙部门	4	1.0	95
3	丙部门	10	1.2	100
4	丁部门	10	1.3	80

表 4 - 11   某单位人员信息统计表

序号	人员	岗位系数	岗位基准分	人数
1	甲部门负责人	2	100	1
2	乙部门负责人	2	100	1
3	丙部门负责人	3	100	1
4	丁部门负责人	3	100	1
5	一般员工	1	100	23

假定，上级公司本月下发绩效奖金总额为 35.59 万元，那么该组织薪酬与员工薪酬的统计与分配步骤如下：

步骤一：计算各部门得分

甲部门汇总得分 $= 90/100 \times (1 \times 2.0 \times 100 + 2 \times 1.0 \times 100) \times 1.1 = 396$ 分

乙部门汇总得分 $= 95/100 \times (1 \times 2.0 \times 100 + 3 \times 1.0 \times 100) \times 1.0 = 475$ 分

丙单位汇总得分 $= 100/100 \times (1 \times 3.0 \times 100 + 9 \times 1.0 \times 100) \times 1.2 = 1440$ 分

丁单位汇总得分 $= 80/100 \times (1 \times 3.0 \times 100 + 9 \times 1.0 \times 100) \times 1.3 = 1248$ 分

步骤二：计算每分值奖金

此单位汇总得分 $= 396 + 475 + 1440 + 1248 = 3559$ 分

每分值奖金额 = 355900 元/3559 分 = 100 元/分

步骤三：计算部门奖金分配

甲部门奖金分配额 = 396 分 × 100 元/分 = 39600 元

乙部门奖金分配额 = 475 分 × 100 元/分 = 47500 元

丙单位奖金分配额 = 1440 分 × 100 元/分 = 144000 元

丁单位奖金分配额 = 1248 分 × 100 元/分 = 124800 元

步骤四：计算部门内员工奖金分配

假设甲部门中负责人个人得分为 90 分，员工 A 得分为 80 分，员工 B 得分为 85 分，那么部门内的汇总得分为：90 × 2.0 + 80 × 1.0 + 85 × 1.0 = 345 分，所以部门内每分值奖金额 = 39600/345 = 114.78 元/分，则：

负责人奖金额 = 114.78 × 90 × 2.0 = 20660 元；

A 员工奖金额 = 114.78 × 80 × 1 = 9182 元；

B 员工奖金额 = 114.78 × 85 × 1 = 9756 元；

其他部门和单位以此类推。

第六节　流程保障

一　流程保障的内涵

流程保障是指在企业内部通过将绩效管理活动流程化以保障目标传导式绩效管理体系的顺利实施。绩效管理流程化主要是在吸纳业务流程重组、流程再造思想和工具的前提下，采用综合有效的方法来强化绩效目标的分析和执行、规范和精细化绩效考评操作，关注人力和物力的价值实现过程、提高企业各部门响应速度、降低管理成本，以传递绩效压力实现组织绩效管理的持续改进等。

绩效管理流程化强调规范化、持续性和系统化。流程化与流程重组不同，对于不合理的流程不一定需要彻底的重新设计，而是可以对流程进行重新分析评估，确定是否有必要进行重新设计，而对于可以不必要重新设计的流程，只需要对业务流程进行规范、优化即可。同时，流程化是一种系统化的方法，是对绩效管理流程持续的、不断优化改进的动态管理方法，要全面系统地审视企业绩效管理活动的各项业务，评估它们对实现整体绩效目标的贡献，若某一流程或者流程中的某一活动对绩效管理不是有价值的，那就必须果断删掉。

绩效管理流程化要求组织结构应以产出为中心而不是以任务为中心，要打破各项职能界限的划分，尽可能地将流程中的跨职能部门由不同专业的人员完成的工作环节集成起来，精简合并成为单一任务，并由单人完成。将信息处理工作纳入产生信息的实际工作环节中，利用信息系统将各部门分散的人力资源作为一盘棋统筹管理，避免资源浪费。同时，要把决策点下放到具体的考核业务中去，在业务流程中建立控制程序。

二　流程保障的重要性

如果说战略目标分解是搭建绩效管理体系的"骨架"、绩效指标制定是"肌肉"的话，那么保证各级绩效相互促进协调就是保证整个体系的"血液循环"。"骨架"搭建的不管多大多精细，"血液循环"不畅时，任何体系都起不到它预想的效果。因此，为保证绩效管理体系能够发挥作用，就要将组织管理过程中的"脉络"梳理清楚，找到各部分之间的内在联系。做好企业各部门、各岗位之间的流程梳理，实现绩效管理流程化是保证目标传导式绩效管理体系发挥作用的基础工作和必要环节。

1. 通过流程，引入持续优化的绩效管理思想

流程是基于企业要完成的事情的过程，这就是我们所说的"有事就有流"。我们甚至可以说，"企业的活动就是由一个个流程组成

的"。绩效管理流程化的思想就是从绩效管理要做的事情出发，如何将这些事情做得更好，其精髓就在于提供一种持续优化的方法。

2. 通过流程，规范企业绩效管理活动

当一件事情需要两个以上的岗位或部门进行协作时，流程是一种很好的工具。首先，流程清晰地界定了各个协作者在该绩效管理业务中要做什么；其次，流程界定了该业务完成的次序，也就是各个协作者履行职责的先后顺序；最后，流程还界定了各个协作者之间的协作关系，通过对以上内容的界定，实现了企业绩效管理活动的规范化。

3. 通过流程，提高绩效管理效率

绩效管理流程化强调时间概念，每个流程各个步骤耗费的时间是多少，过程中无效等待的时间有多少，都是提高流程效率应该考虑的问题，流程化管理正是提供了不断提升效率的方法，使得绩效管理活动比原来更快更敏捷。

4. 通过流程，加强内部控制

对于一项业务和管理事务来说，决定其是否能够顺利完成或完成质量好坏的往往是几个关键环节。绩效管理流程化提供了这么一套工具，让我们从众多的组成环节中找出关键的几个环节，将这几个关键点把握好，就能够保证整个绩效管理体系顺畅高效地运行。

5. 通过流程，激活、优化绩效管理制度体系

因为流程是动态运行的，才使得企业不断运行发展。而制度则是相对静态的。流程化管理可以有效地激活企业的制度体系，通过流程不断地运行去发现现有绩效管理制度中与流程不匹配之处以及需要完善之处；而且通过对流程的优化可以同时审视企业的整个制度体系。

6. 通过流程，"固化"目标传导程序

在有些企业，往往会出现这样的现象：上级目标在向下分解的过程中慢慢就出现了分歧，这是因为不同部门领导的办事风格不同，

他们在给自己部门设定目标时或激进或保守。通过流程化管理，企业目标的设定由绩效管理部门根据上一年度每一个岗位的绩效成绩进行修正，采取从下至上报备、从上至下分解的目标传导程序，有效地解决了目标分解过程中的矛盾。

三　流程保障的建立

在企业既有的组织结构中，各级单位都承担着自己的工作内容，如果从各级微观的角度去看，某些工作看似相互独立，没有内在联系，但是从公司整体的层面去看，原本两个部门两项毫不相干的工作内容，也可能会有很大的联系。所以要保证目标传导式绩效管理体系能够发挥相互促进、相互协调的作用，需要在建立流程保障时做好两件事：一是对组织内部各部门和各级岗位之间的工作流程进行梳理，明确各部门、各岗位之间的工作联系；二是针对部门工作流程中出现的问题进行原因分析，找到影响本单位工作的因素，并且通过制定相应的量化指标，进行绩效考核，从而起到减少错误发生率、提升组织绩效的作用。

1. 选择企业工作流程梳理的重点

工作流程存在于企业日常管理活动之中，有的已经明文规定，有的则还未上升到整体管理的高度，甚至有的流程还没有被企业管理者意识到。因此企业在进行工作流程梳理时，首先要识别和描述企业现有的流程，继而达到流程绩效管理和流程优化的目的。日常工作中的管理流程多且杂，如果不能找到其中的关键，流程梳理工作就会将员工拖入无尽的烦恼之中。但是，我们进行流程梳理的目的就是要保证部门间的绩效管理能够产生互相促进、互相监督的作用，并且对整体绩效产生影响。这也就明确了我们进行流程梳理的方向，我们要重点针对涉及企业部门间的流程环节，选择那些多部门、部门核心工作流程作为梳理的重点。

2. 绩效流程管理的方法

当我们明确了绩效管理流程的重点之后，就要针对绩效管理的目标去进行后续工作，一般来讲流程绩效都是要落实到岗位绩效指标中，并非独立的一套指标体系。那要如何落实？关键点就是通过对员工与部门的绩效考核指标进行补充，从而达到公司绩效整体的优化完善。也就是说，通过找到各部门、各级岗位在整体重点流程过程中，因某具体岗位工作问题影响到了其他岗位和部门的绩效结果，设定相关绩效考核指标，引导具体岗位人员正确履行工作职责，减小对其他部门、岗位的影响，从而提升组织绩效。

3. 流程保障建立的关键

流程保障要起到促进管理流程和业务流程优化的作用，不能仅仅局限在对岗位员工的绩效考评的维度之中。企业管理会涉及对人和对事的管理，对人的管理主要是激励约束问题，对事的管理就是流程问题。一个流程如何运作，涉及因何而做、由谁来做、如何去做、做完了传递给谁等问题，各个环节的不同安排都会对结果产生很大的影响，从而影响组织整体的效率。流程保障在建立过程中要注意以下三个关键：

一是要做好流程的设计、优化工作。设计流程的基本原则就是基于企业的战略目标，绝对不能站在部门立场上去设计，而要在整体绩效管理流程的大局中进行设计。在这个过程中，要讨论流程还有没有精简的可能性、先后次序是否可以调整、某些环节与其他流程能否合并、岗位承担的责任是否合适、工作标准是否恰当、具体操作者是否可以合并或更换、能否使用更有效率的工具、哪些表单可以取消、谁来监督流程更合适等问题。通过充分征求员工建议、征询主管领导意见，综合各方面的反馈，对业务流程进一步修改完善。

二是要做好流程的固化、规范工作。经过一段时间的运行和持续改进，当流程逐步成熟、稳定后，要以正式流程管理文件的形式固化下来，作为企业一段时间内的绩效管理工作标准。对于像绩效反馈与改进这样简单的流程，可以由各部门主管进行评审、固化。对于像绩效考核这样的关键流程，应由专家小组来评审，在流程涉及部门都没有异议后，提交企业领导审批后进行固化。

三是要做好流程管理体系的建设工作。流程与制度一样，需要进行"顶层设计"。绩效管理业务流程，都会涉及二级单位。因此，二级单位一定要根据上级的流程，梳理、设计、优化好本级单位的流程，要能够实现良好的流程融合。在此期间，管理者在流程的梳理、分析、优化、固化过程中，应当同时考虑整个流程管理体系的层次化、结构化问题，将各个流程按照业务逻辑进行整理以及管理，把各班组、各部门、各层级的管理"集成"一体，形成一套完整的绩效管理流程体系。

四 案例：神宁集团的流程保障措施

神宁集团充分认识到流程管理的重要性，在近几年的企业改革中积极倡导流程化管理，不断进行流程优化，为目标传导式绩效管理体系的后期运行提供了良好的运行环境。目标传导式绩效管理四大体系相互依存、相互关联、相互影响，形成闭环，横向将企业战略通过目标、评价、激励三个维度与员工成长和企业发展相结合；纵向将企业战略目标通过层层分解转化为岗位指标，通过信息化平台提供信息和数据支撑，实现企业战略发展和员工成长双赢的目标。为保证目标管理四大体系的正常运作，各单位建立了与之对应的业务流程保障，具体来说，与目标传导式绩效管理四大体系相对应，神宁集团建立了如表4-12所列出的纵横贯穿的目标传导流程、循环改进的绩效管理流程、双向多重的薪酬激励流程和机动灵活的员工成长流程。

表4-12　　　　　　　　　　　　　神宁集团的绩效管理流程保障

流程保障	内容概述	对应体系
纵横贯穿的目标传导流程	将企业战略目标横向传导至员工奖惩体系,纵向传导至员工绩效指标	目标管理体系
循环改进的绩效管理流程	通过绩效计划、绩效实施、绩效评估、绩效改进四大绩效考评过程的循环实现绩效考评的不断优化	绩效评价体系
双向多重的薪酬激励流程	薪酬奖励采取自下而上统计、自上而下分配的双向流程,奖励方式多种多样	薪酬激励体系
机动灵活的员工成长流程	通过绩效档案、员工评价和职业规划实现员工职位晋升与变动的机动灵活	员工成长体系

1. 纵横贯穿的目标传导流程

目标传导作为该绩效管理体系的核心内涵,既起到了横向串联"四体系、一平台"的作用,又有着纵向贯穿企业、部门、员工行为一致性的功能。如图4-9所示,目标传导的横向串联以目标管理体系为起点,通过企业内外部环境分析,形成企业战略目标。由企业战略目标分解形成各级组织与员工目标。随后通过绩效评价体系对传导至各层级的目标进行评价,结果应用于薪酬激励体系与员工成长体系。目标传导的纵向贯穿是以企业战略目标为起点,通过对企

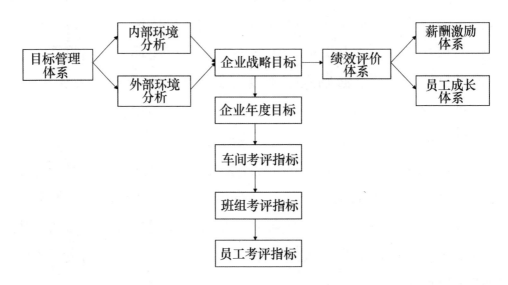

图4-9　纵横贯穿的目标传导流程

业战略目标的分解，依据各级组织职责，分解后的目标将传导至各组织并形成组织目标。结合岗位说明书，将组织目标分解传导为个人指标，完成了企业目标的层层落地。

具体来说，神宁集团通过长期的探索与实践建立起了全目标统一、全指标量化的目标管理体系，全要素整合、PDCA循环的绩效评价体系，责权利相统一、激励约束并重的薪酬激励体系，价值贡献、和谐共赢的员工成长体系。聚焦到目标传导方面，如表4-13所示，神宁集团本着定量指标数字化、定性指标定量化考核的原则，将年度目标层层分解，并与班组和岗位的操作指标（产量指标、工艺指标、消耗指标）紧密结合，将企业战略目标层层分解、传导至员工、岗位，通过指标保目标，目标保战略，实现战略、目标、指标相统一。

表4-13   目标分解示例

项目	目标指标逐级分解		
公司战略	甲醇100万吨	聚丙烯100万吨	聚甲醛6万吨
公司年度目标	甲醇92万吨	聚丙烯86万吨	聚甲醛5.35万吨
车间考评指标	变换气产量322000万Nm³	丙烯产量86.46万吨	聚合转化率≥72%
班组考评指标	吨煤浆产气≥1620Nm³	丙烯收率≥27.35%	工艺指标合格率≥97%
员工考评指标	煤浆浓度≥59%……	MTP反应器温度480℃—485℃……	聚合反应器温度≤82℃……

2. 循环改进的绩效管理流程

在目标传导式绩效管理中，每一周期的绩效考评都不是独立存在的，而是在不断的循环改进。绩效评价体系首先依据各级关键绩效指标的重要性设置权重；随后，由管理层与员工共同制定相关的行为计划；之后借助信息平台，通过多种方式对绩效计划的实施情况进行实时监控与反馈；然后在考评周期内，参照既定的指标与标准，对部门和员工的绩效完成情况进行评价；最后通过对绩效评价的统计与分析，发现问题，并制定相应的绩效改进措施与计划，为下一个绩效计划制定的重要参考。因此，该考核评价体系总体上是由绩效计划、绩效实施、绩效评估、绩效改进四个步骤不断循环的管理过程。

如图4-10所示，神宁集团的绩效管理流程从总体上分为相互关联的两大流程：一是神宁集团与基层单位绩效管理规划与流程；二是绩效管理工作流程。前者包含绩效管理规划、绩效管理实施、绩效管理改进三部分内容。后者则是基于全员绩效管理闭环运作，通过绩效计划、绩效指导、绩效反馈与绩效结果应用四个循环来实现对经营目标和绩效的动态监控。

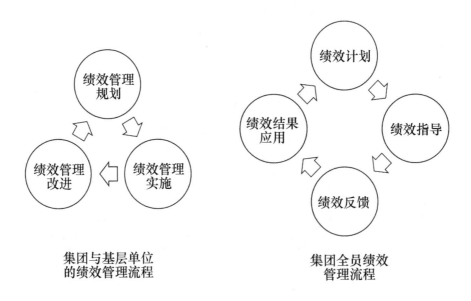

图4-10　循环改进的绩效管理流程

以上两大流程还会进一步分解为更详细的子流程，以便具有可操作性，例如设计并构建指标体系、编制基于岗位的绩效计划、制定相应的绩效管理制度，等等。具体来说，指标体系设计主要分两步：第一步，设置指标。指标的设置要遵循一定的原则，如导向性、平衡性、经济性等原则。依据指标来源，采用纵向结合上一层级目标与职能，横向结合岗位职责的方法提取指标，之后把两个方面的指标进行对比，检查是否有重叠、交叉等，并依据原则检查是否有针对性、是否客观、是否可测、是否与上一层级岗位目标一致等。第二步分配权重、设定标准。指标确定后，就要进行权重分配和标准设定。首先，使用直接判断、相对重要性等方法确定指标权重；然后，从数量、质量、时间、成本四个维度，依据工作目的及工作内容要求，遵循SMART等原则，设定标准。完成指标体系设计后，上下级就可以坐在一起编制个人工作计划。通过绩效计划指标的编制，实现与员工下一周期工作的紧密融合。员工绩效计划，主要包括制定该员工下一周期工作目标，设定具体的目标值与评判标准，并根据目标开展的行动计划几项内容。绩效管理制度方面包括绩效管理的目的、适用范围、绩效管理原则、机构设置与职责界定、绩效管理内容、绩效管理运作流程、结果应用、制度附则等。机关部门及基层单位也要结合集团的管理制度进一步细化完善制度，接受绩效管理制度的约束和指导，机关部门和基层单位在本单位或部门绩效管理制度约束和指导下要制定具体的实施方案。绩效管理制度中还有申诉、沟通、考核等方面的配套制度。

3. 双向多重的薪酬激励流程

目标传导式绩效管理中的薪酬激励流程是双向的、多重的。双向性体现在绩效的统计和奖金的分配流程上。如图4-11所示，企业的绩效统计采用自下而上的统计方式，将员工绩效汇总至班组，再将班组绩效汇总至部门，逐层上传，最后汇总而成企业的总体绩效得分，并形成薪酬分配分值；再根据此分值按自上而下的奖金分配流程，结合组织调节系数和岗位调节系数，逐层向下分配。多重性体现在员工薪酬的组成上。如图4-12所示，基本薪酬、激励薪酬、福利薪酬共同构成了员工绩效薪酬，基本薪酬由岗位工资和津贴补贴组成，激励薪酬包括奖金、股权和期权等形式，福利薪酬包括如"七险一金"、各种福利费以及培训等。

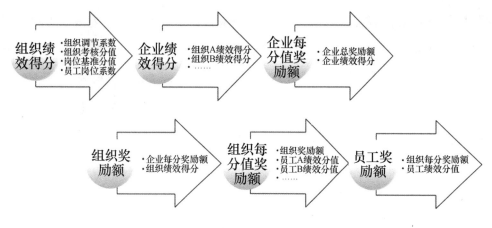

图 4 – 11　薪酬统计与分配流程

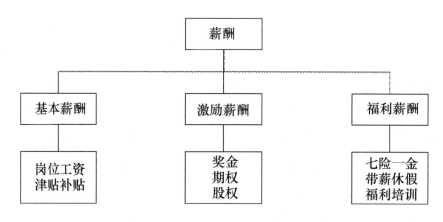

图 4 – 12　薪酬激励体系的构成

　　以某年为例，假设企业计划本月下发绩效奖金总额为 S_S 万元，那么按照上述流程，首先应当计算各部门本月绩效总得分设为 O_S（部门调节系数 K_0 × 部门考核得分 OS_P × 所有员工的岗位基准分值 ES_S 加总），然后进行汇总得到企业本月的绩效总得分 C_S，在此基础上计算出每分值所代表的奖金额 Sa（总奖金额 S_S/总得分 C_S），继续向下计算每个部门所能分配到的奖金额 S_0 为每分奖金额 Sa 乘以部门绩效总分值 O_S，在部门内部也是按照同样的算法，先计算出部门内部每分值所代表的奖金额 S_i（部门分配到的奖金额 S_0/所有员工的岗位基准分值 ES_S 加总），再计算每个员工所能分配到的奖金 Se（部门内每分奖金额 S_i × 个人得分 ES_S）即可。

4. 机动灵活的员工成长流程

该体系设计的员工成长流程以员工能力为依据，能者上庸者下，一改国有企业混资历的晋升通道，为该绩效管理体系注入了活力。绩效档案、员工评价和职业规划作为该体系的主要组成部分，均体现出该体系的灵活性。绩效档案全面应用于员工绩效评价的各个环节，最终与职业生涯发展相结合。员工评价依据绩效档案、人员测评、竞聘与评定等多种方式进行。其中绩效档案是员工评价的核心内容，具有真实反映员工业绩与能力的功能；人员测评是以信息化系统为平台实施，采用自评、360度关联评价、胜任素质模型等方法，通过多个评价与时间维度，以客观地获得员工品格、能力、业绩等各方面综合的评价得分；竞聘与评定过程主要包括综合知识笔试、情景模拟问答题、演讲与面试、组织考察测评等几部分组成，是员工胜任能力与民主管理的体现。职业规划方面，结合自身实际情况，首先从企业的角度明确了三类职业定位，即管理人员、技术人员、操作人员；随后，依据三类职业定位分别设计并实施了相对应的职业通道，员工可以在满足考核条件的前提下通过竞聘方式在不同职业通道中转换。

第五章　目标传导式绩效管理
实施效果评价

目标传导式绩效管理作为企业绩效管理的一种全新模式，也是企业系统管理的核心组成部分，其具体实施与应用将会系统地改善企业的组织运营，将直接推动企业综合管理水平的提升，进而对企业整体的管理效益、经济效益以及社会环境等效益产生积极影响（见图5-1）。按照此逻辑，本部分首先运用规范化量表对目标传导式绩效管理实施所带来的企业管理水平提升进行定量测量，然后依次定量分析由此对企业所带来的管理效益、经济效益以及环境效益的改善。

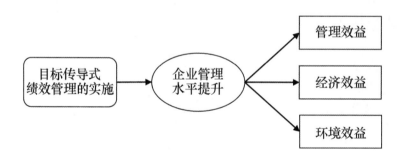

图5-1　目标传导式绩效管理实施效益分析框架图

第一节　管理水平测度

本部分以神宁集团煤化工公司为例，对目标传导式绩效管理全面推行后企业整体管理水平的改善进行测量。

一 测度量表

对企业管理能力和水平的量化测度是学术界讨论的难题。2015 年美国斯坦福大学的 Bloom 教授历时 8 年时间开发出了一套针对制造类企业的管理水平测度量表，分别针对生产性企业管理活动中的目标、实施与激励等关键环节设计可量化问卷，通过可控的问卷调查来获取并计量制造类企业不同时期的管理能力与水平。目前，这一研究思路及相关成果发表在顶级的学术期刊，同时该量表也广泛地应用于美国、英国、德国以及中国的制造类企业的管理能力测评。

简化的量表包括 16 个方面的问题，具体分为监督与实施 5 个问项（关键指标的监测数量、查看频次、对故障处理等）、目标管理 3 个问项（目标的清晰程度、实现难度等）、激励管理 8 个问项（各类人员的绩效决定、晋升与辞退等），每个问项设置 3—6 个阶梯式的选项答案，具体见附表所示。

二 计算方法

首先对各问项评价进行量化评分。Bloom 的管理能力测评表的一大优势在于每个问项结果比较容易进行优劣排序，因此采用归一化的量化方法。首先对每个问项的评价结果按照优劣次序进行排列；然后将排列最优与排列最后的选项设置最高得分项与最低得分项，分别记为 1 分与 0 分；然后根据各问项的具体选项数量 N，平均等分每个具体选项的得分，即 1/（N－1）；再按照选项排位次序进行等距赋分，如排位第二的选项赋分（N－2）/（N－1），排位第三的选项赋分（N－3）/（N－1），如此类推。以维修为例，各选项结果具体对应的评价如表 5－1 所示。

表 5 – 1　　　　　　　　　　　　　维修管理的选项得分

	赋分
不做处理	0
仅做维修处理	1/3
维修并确保同样问题不再发生	2/3
维修并确保同样问题不再发生，并对该环节可能发生的问题进行预防工作	1

然后，运用等权重的思路，将 16 个选项的评分结果综合计算，具体公式为：

$$P = \frac{\sum x_i}{16}$$

其中，P 为最终的管理水平评分结果，x_i 为第 i 个问项的具体选项得分。

三　量表调查

通过在神宁集团煤化工公司选择管理层与非管理层的员工代表填写量表。根据 Bloom 的抽样规则，评价样本为 30 人以上，保证大样本的基本要求，重点获取管理层对管理水平的评价。我们设计的具体抽样规则如表 5 – 2 所示。

表 5 – 2　　　　　　　　　　　　　量表抽样规则

抽样对象	人数
神宁集团煤化工公司领导管理层（副总经理及以上）	8—10
神宁集团煤化工公司各职能部门负责人（部门经理及副职负责人等）	20—30
神宁集团煤化工公司一线工作人员（车间主任、班组长、普通工人等）	5

根据以上抽样调查规则，共计发放问卷 40 份，回收问卷 38 份，经检查核实，其中有效问卷 35 份，问卷有效回收率为 87.5%。

四 评价结果

通过问卷发放，并根据计算规则进行评价计算，最终获得 2012—2017 年管理水平的评价得分，结果如图 5 - 2 所示。

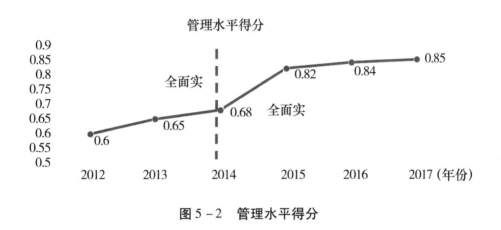

图 5 - 2　管理水平得分

从图 5 - 2 所示的评价结果可以看出，神宁集团煤化工公司自 2012 年实施目标传导式绩效管理以来，整体管理水平不断提升。特别是 2014 年后，随着目标传导式绩效管理的调整磨合及全面推行，整体管理显著提升。2015 年整体管理水平相比 2012 年实施前提高了 36.7%。目标传导式绩效管理的实施显著并大幅度地促进了神宁集团煤化工公司的整体管理水平提升。

第二节　管理效益分析

这里的管理效益主要是指由于管理水平提升而带来的管理结果的改进程度。对于大型煤化工项目组织而言，管理的结果主要表现为以生产管控过程为核心的误差控制与风险减少。因此，我们主要通过比较神宁集团煤化工公司 2012—2017 年间各项主要监测管控指标的变化来分析目标传导式绩效管理实施的管理效益。

一 管理效益的特征事实

1. 安全事故事件发生率

安全事故事件是管理的底线要求，以煤化工烯烃公司的安全事故事件监测与管控为例。在准备实施目标传导式绩效管理的初期（2012年），全年平均发生安全事故事件为 70 起左右。目标传导式绩效管理实施后，各级员工积极性迅速被调动，个人责任意识与安全意识明显增强。整体厂区的安全目标也明确到每个个体，安全事故事件得到有效的治理。到了目标传导式绩效管理全面推开的 2015 年，事故事件发生仅为 16 起，事故事件发生率相比实施初期降低了 77.14%。

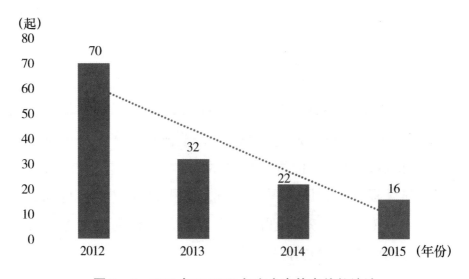

图 5-3 2012 年至 2015 年安全事故事件数统计

2. 中控合格率

中控合格率是管理的综合性效益测度指标，以甲醇厂的中控合格率为例。在 2012 年甲醇厂的中控合格率为 92.71%，而目标传导式绩效管理实施后的第一年，中控合格率就提升到 94.39%，显著提升 1.68 个百分点，此后逐年提升。至 2017 年达到 94.93%。如图 5-4 所示。

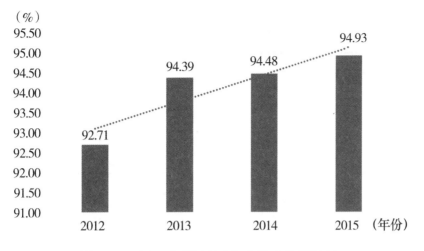

图 5 - 4　2012 年至 2015 年中控合格率统计

3. 精益度控制指标

以甲醇厂动力车间锅炉汽包液位控制波动与烯烃公司聚合车间冷凝器液位波动为例。

图 5 - 5 反映了目标传导式绩效管理实施初期（2013 年）与实施后期（2015 年）甲醇厂动力车间锅炉汽包液位控制波动范围发生明显变化。波动幅度由 ± 50 毫米进一步精益控制到 ± 10 毫米之内，精准度提高了近 80%。

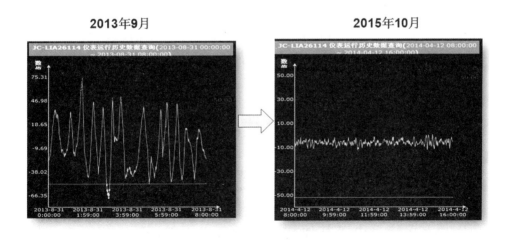

图 5 - 5　2013 年与 2015 年甲醇厂动力车间锅炉汽包液位控制波动

图 5 - 6 反映了实施初期与实施后期烯烃公司聚合车间冷凝器液位波动范围由 2013 年的 40% —90% 控制到 2015 年的 60% —80% ，精准度提升了 60% 。

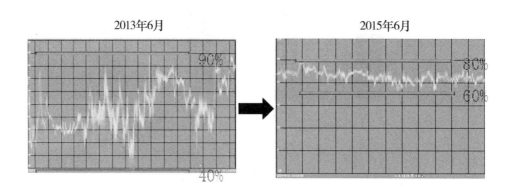

图 5 - 6 　2013 年与 2015 年烯烃公司聚合车间冷凝器液位

4. 工作效率

利用任务安排和工时核算模块，在系统中下达任务并跟踪督办，实现了管理人员和辅助生产人员考评指标的量化，促使任务执行人主动关注任务的完成情况，形成了及时登陆平台处理待办事宜的习惯，督办工作由原来的被动跟踪转变为现在的主动反馈，另外，任务是否完成的确认人不再是传统的秘书，而是关心任务完成情况的主管领导，更能准确把握任务完成的实际情况，提高了督办质量。同时也减少了会议和检查工作量，有效提高了工作效率。

二　管理效益的测算

从上述特征实事中可以发现，煤化工基地实施目标传导式绩效管理之后，整体的管理控制效率大幅提升。然而这些管理效率提升的原因也有可能是由于其他技术或设备方面的因素，接下来我们将进一步运用科学方法，对专门由于实施目标传导式绩效管理后的管理效益进行精确测算。

1. 测算方法

我们考虑运用二阶段 DEA 测评方法来进行具体测算。DEA 作为一种非参数的效率测评方法，其优势在于只需要掌握系统的投入量与产业变量，而并不需要具体掌握生产过程的生产函数。二阶段 DEA 的核心思想是在传统 DEA 方法的基础上，将影响企业创新效率投入或产出的效率的因素分为管理水平、环境因素、随机因素三方面的共同作用，通过分析与剔除环境因素与随机因素的影响，使用调整后的模型重新评价，这样的结果反映了仅由管理等技术因素而形成的效率水平，可以使评价结果更为真实与准确。

第一阶段：使用传统的 DEA 模型评价决策单元效率。投入导向下对偶形式的传统 DEA 模型可表示为：

$$\min_{\theta,\lambda}\left[\theta - \varepsilon(e^t s^- + e^t s^+)\right]$$

$$s.t.\begin{cases} \sum_{i=1}^{n} \lambda_i y_{ir} - s^+ = y_{0r} \\ \sum_{i=1}^{n} \lambda_i x_{ij} + s^- = \theta x_{0j} \\ \sum_{i=1}^{n} \lambda_i = 1 \\ \lambda_i \geq 0, s^+ \geq 0, s^- \geq 0 \end{cases} \quad (1)$$

其中，i 为决策单元，$i = 1,2,\cdots,n$；j 和 r 分别为输入与输出变量，$j = 1,2,\cdots,m$，$r = 1,2,\cdots,s$。x_{ij} 与 y_{ir} 分别为投入要素与产出要素，θ 为决策单元 DMU0 的前效值，其判断依据是：若 $\theta = 1$ 且 $s^+ = s^- = 0$，则决策单元 DEA 有效；若 $\theta = 1$，而 $s^+ \neq 0$ 或 $s^- \neq 0$ 时，则决策单元为 DEA 弱有效；若 $\theta < 1$，则决策单元为 DEA 有效。

第二阶段：运用相似 SFA 分析模型剔除初始模型中的冗余因素。第一阶段的评价结果未能将这些因素对效率值的影响进行区分。通过构建类似 SFA 模型则可以进一步对企业创新效率中的环境因素和随机因素进行分析与剔除，准确地评价出仅由于内部对企业创新系统管理无效而造成的 DMU 投入冗余。以投入导向为例，可构建如下 SFA 回归方程：

$$s^{ik} = f^i(z^k;\beta^i) + v^{ik} + u^{ik} \tag{2}$$

其中，$i = 1,2,\cdots,m$；$k = 1,2,\cdots,n$。s^{ik} 表示第 k 个决策单元第 i 项投入的松弛变量；$z^k = (z^{1k},z^{2k},\cdots,z^{pk})$ 表示 p 个可观测的环境因素变量，β^i 为环境变量的待估参数；$f^i(z^k;\beta^i)$ 表示环境变量对投入差额值 s^{ik} 的影响，一般取 $f^i(z^k;\beta^i) = z^k\beta^i$。$v^{ik} + u^{ik}$ 为混合误差项，v^{ik} 为随机干扰，并假设 $v^{ik} \sim N(0,\sigma_{vi}^2)$；$u^{ik}$ 表示管理无效率，假定其服从截断正太分布，即 $v^{ik} \sim N^+(u^i,\sigma_{ui}^2)$；$v^{ik}$ 与 u^{ik} 独立不相关。$\gamma = \dfrac{\sigma_{ui}^2}{\sigma_{ui}^2 + \sigma_{vi}^2}$ 为技术无效率方差占总方差的比重。特别地，当 γ 的值趋近于 1 时，管理因素的影响占主导地位；而当 γ 的值趋近于 0 时，则表明随机误差的影响占主导地位。

利用 SFA 模型的回归结果，进一步对决策单元的投入项进行调整。基于最有效的决策单元，以其投入量为基础，对其他各样本投入量的调整如下：

$$\hat{x}_{ik} = x_{ik} + [maxx_k\{z^k\beta^i\} - z^k\beta^i] + [maxx_k\{\hat{v}_{ik}\} - \hat{v}_{ik}] \tag{3}$$

其中，x_{ik} 为表示第 k 个决策单元第 i 项投入的实际值，$\hat{x}_{ik}$ 为其调整后的值；β^i 为环境变量参数的估计值；$\hat{v}_{ik}$ 为随机干扰项的估计值。

将调整后的数值代入原来的 DEA 模型中进行重新计算。由此得到的各决策单元的效率值即为剔除了环境因素和随机因素影响后的综合效率（Comprehensive Efficiency）。综合效率是由投入规模效应与组织运营管理等技术性水平来决定，可以进一步分解为规模效率（Scale Efficiency）与技术效率（Technical Efficiency）的乘积，即综合效率 = 规模效率 × 技术效率。

2. 管理效益的测算指标

运用 DEA 方法进行管理效益的测评首先需要确定对于管理活动

的直接投入变量与直接产出变量。对于产出变量，通过以上分析，我们主要考虑从管理运营过程来提取指标，主要包括中控合格率、安全事故发生下降率、精准度、工作效率等；对于管理的投入变量，我们考虑一般性的管理人员数量、能力以及激励等方面的变量。最终投入指标与产出指标如表 5 - 3 所示。

表 5 - 3 　　　　　　　　　　**管理效益的测算的指标体系**

指标类型	具体指标	单位
投入指标	管理层人数	人
	管理层平均教育水平	年
	管理层平均工资	元/月
产出指标	中控合格率	%
	工艺指标合格率	%
	优等品率	%
	安全事故发生下降率	%
控制指标	管理水平	—

进一步地，二阶段 DEA 方法也需要确定控制指标。由于我们分析的目标是测算由于实施目标传导式绩效管理而使管理效率提升的部分，因而我们主要的控制指标为依据 Bloom 管理量表所测算的管理水平。

3. 第一阶段测算结果

第一阶段将表 5 - 3 所示的投入指标与产出指标进行计算，可以获得 2012 年至 2017 年 6 年间神宁集团煤化工公司整体的管理效益改善程度，结果如图 5 - 7 所示。

从图 5 - 7 中可以看出，2012 年后神宁集团煤化工公司整体的管理效益不断提升，到 2017 年达到最高的综合效率值，整体提升了 66.11%，年平均提升率为 11.02%。特别是从 2012 年至 2013 年间，提升幅度最大，高达 28.24%，表明神宁集团煤化工公司管理效益提升最快的年份为 2013 年。

图 5 - 7　神宁集团煤化工公司整体的管理效益提升

4. 第二阶段测算结果

第一阶段测算的是神宁集团煤化工公司整体的管理效益的提升，而并未进一步测算由于实施目标传导式绩效管理而造成的效益提升。接下来，我们通过控制每一年度的管理水平来进一步观测由于实施目标传导式绩效管理而带来的管理效益改进。计算结果如图 5 - 8 所示。

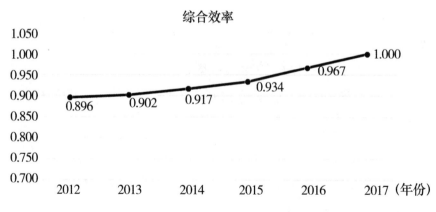

图 5 - 8　控制管理水平后神宁集团煤化工公司整体的管理效益提升

从图 5 - 8 测评的结果可以看出，控制管理水平后神宁集团煤化工公司的管理效益由 2012 年的 0. 896 提升到了 2017 年度的 1，管理效益提升率为 11. 61% ，年平均提升率为 1. 93% 。

第二阶段的测算结果为控制管理水平，即剥离了由于实施目标传导式绩效管理之后的管理效益评价。结合第一阶段的结果，我们就能够计算得出由于实施目标传导式绩效管理而使企业管理效益提升的部分，如图 5-9 所示。

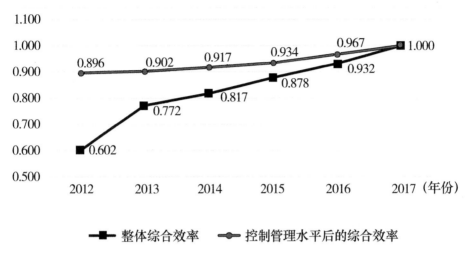

图 5-9　整体管理效益与控制管理水平后的管理效益

从图 5-9 中可以看到，对比控制管理水平前后的综合效率评价，很明显管理水平对于整体管理效益的提升起到的重要的影响作用。我们可以通过最初始的综合效率差值来估算目标传导式绩效管理实施后所带来的管理效益改进，具体计算方法为：

$$P = \frac{\text{控制管理水平后的初始效率值} - \text{未控制管理水平的初始效率值}}{1 - \text{未控制管理水平的初始效率值}}$$

$$= \frac{0.896 - 0.602}{1 - 0.602} = 73.87\%$$

即由于实施目标传导式绩效管理而给企业带来管理效益改进的部分占总体管理效益改进的比重高达 73.87%。这表明，神宁集团煤化工公司自 2012 年至 2017 年的管理效益提升，主要是由于目标传导式绩效管理而带来的。

5. 目标传导式绩效管理的具体效益测算

基于第二步的测算，我们可以进一步来估算由于实施目标传导式绩效管理而给各个具体管理效益指标所带来的改进。我们采用简单的线性计算规则，各项指标计算结果如下：

（1）安全事故发生数：

$$N = [(70 - 16)/6] \times 73.87\% = 6.65$$

结果表明，自煤化工烯烃公司 2012 年实施目标传导式绩效管理以来，由于实施这项管理策略而给企业减少的安全事故数为 6.65 件/年。

（2）中控合格率：

$$P = [(94.93 - 92.71)/6] \times 73.87\% = 0.27$$

即甲醇厂实施目标传导式绩效管理后，促使企业中控合格率每年平均提升 0.27 个百分点。

（3）精准控制度：

甲醇厂动力车间锅炉汽包液位控制波动：$W1 = 80\% \times 73.87\% = 59.10\%$

烯烃公司聚合车间冷凝器液位波动：$W2 = 60\% \times 73.87\% = 44.32\%$

即由于实施目标传导式绩效管理后，分别促使甲醇厂动力车间锅炉汽包液位控制波动误差减小 59.10%，使烯烃公司聚合车间冷凝器液位波动误差减小 44.32%。由此可见，目标传导式绩效管理的实施促使神宁集团煤化工公司内部生产控制精准度提升 40%—60%。

（4）工作效率：

煤化工分公司效率：$P1 = 12\% \times 73.87\% = 8.86\%$

指挥部工作效率：$P2 = 6\% \times 73.87\% = 4.43\%$

因此，目标传导式绩效管理的实施促使神宁集团煤化工公司的工作效率提升 4%—9%。

第三节　经济效益分析

由管理行为而带来的组织经济效益改善主要包括两个方面：（1）管理行为直接促进生产效率提升，直接获得更多经济效益；（2）管理行为节约生产成本，从而间接产生经济效益。我们将从生产效率提升与节约生产成本的双重角度分析，神宁集团煤化工公司实施目标传导式绩效管理后的经济效益。

一　经济效益的特征事实

1. 产量提升

分别比较甲醇、聚甲醛、聚丙烯等在实施目标传导式绩效管理前后的产量变化，结果如图 5 - 10 所示。

从图 5 - 10 的结果中可以看到，神宁集团煤化工公司实施目标传导式绩效管理后，主要产品产量均出现明显上升。其中，甲醇产量由 2012 年的 85.26 万吨，上升至 2015 年的 96.69 万吨，上升了 13.41%；聚甲醛产量由 2013 年的 5.07 万吨，上升至 2015 年的 6 万吨，上升了 18.34%；聚丙烯产量由 2012 年的 40.48 万吨，上升至 2015 年的 92.65 万吨，上升了 128.88%。

2. 成本节约

同样，分别比较甲醇、聚甲醛、聚丙烯等在实施目标传导式绩效管理前后的单位生产成本的变化，结果如图 5 - 11 所示。

从图 5 - 11 的统计分析结果可以看出，神宁集团煤化工公司实施目标传导式绩效管理后，主要产品的单位生产成本总体呈现明显下降趋势。以 2012 年平均原煤采购价格作为标准，甲醇产品单位生产成本由 2012 年的 1656.66 元，下降至 2015 年的 1260.85 元，降低了 23.89%；聚甲醛产品单位生产成本由 2013 年的 7416.99 元，下

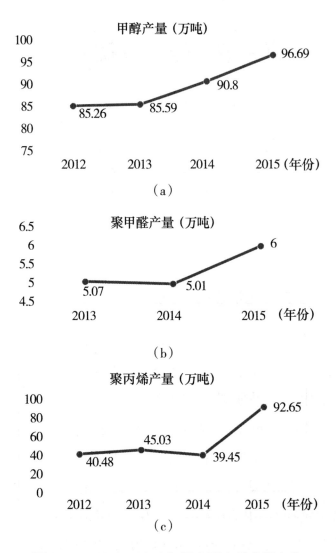

甲醇产量（万吨）

聚甲醛产量（万吨）

聚丙烯产量（万吨）

图 5 - 10　2012—2015 年间主要产品产量变化

降至 2015 年的 5691.16 元，降低了 23.27%；聚丙烯产品单位生产成本由 2012 年的 6938.81 元，下降至 2015 年的 5714.48 元，降低了 17.64%。

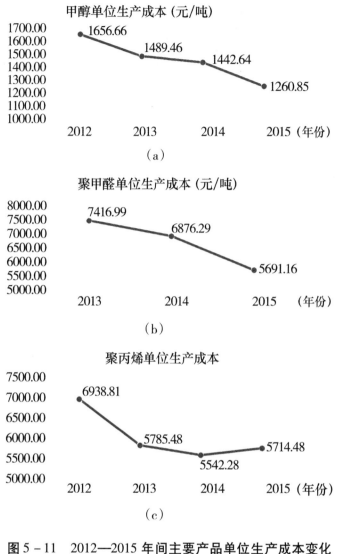

图 5 – 11 2012—2015 年间主要产品单位生产成本变化

二 经济效益测算

造成神宁集团煤化工公司主要产品产量显著提升和产品生产成本明显下降的因素非常多，比如宏观政策、规模扩大、技术进步、设备改造、人员素质提升等，而这些因素与目标传导式绩效管理的实施并无直接关系。因此，特征事实中的产量增加与成本下降不能直接作为目标传导式绩效管理实施的经济效益列入计算，我们需要进一步运用二阶段 DEA 方法进行剥离测算。

1. 经济效益的测算指标

同管理效益的测度一样，运用 DEA 方法进行经济效益的测评首先需要确定对于经济生产活动的直接投入变量与直接产出变量。对于产出变量，通过以上分析，我们主要考虑从直接生产的产量以及间接生产过程的成本节约来提取指标；对于生产的投入变量，我们考虑一般性的生产要素，主要包括资本投入、人力、设备投入等方面的变量。最终投入指标与产出指标如表 5 - 4 所示。

表 5 - 4 经济效益的测算的指标体系

指标类型	具体指标	单位
投入指标	企业年度资本投入	万元
	企业年度总员工数	人
	企业年初的设备总价值	万元
产出指标	产品年产量	万吨
	单位制造成本	万元/吨
控制指标	管理水平	—

2. 第一阶段测算结果

第一阶段将表 5 - 4 所示的投入指标与产出指标进行计算，可以获得 2012 年至 2017 年 6 年间神宁集团煤化工公司整体的经济效益改善程度，结果如图 5 - 12 所示。

从图 5 - 12 中可以看出，2012 年后神宁集团煤化工公司整体的经济效益不断提升，到 2017 年达到最高的综合效率值，整体提升了 24.77%，年平均提升率为 4.13%。特别是从 2013 年至 2014 年间，提升幅度最大，高达 10.16%，表明神宁集团煤化工公司经济效益提升最快的年份为 2014 年。

图 5-12 神宁集团煤化工公司整体的经济效益提升

3. 第二阶段测算结果

第一阶段测算的是神宁集团煤化工公司整体的经济效益提升情况，而并未进一步测算由于实施目标传导式绩效管理而造成的效益提升。接下来，我们通过控制每一年度的管理水平来进一步观测由于实施目标传导式绩效管理而带来的经济效益改进。计算结果如图 5-13 所示。

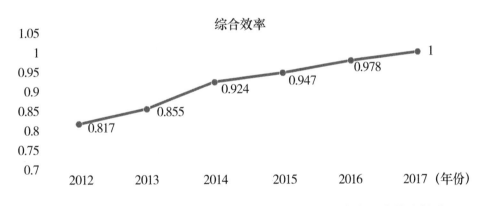

图 5-13 控制管理水平后神宁集团煤化工公司整体的经济效益提升

从图 5-13 测评的结果可以看出，控制管理水平后神宁集团煤化工公司整体的经济效益由 2012 年的 0.817 提升到了 2017 年度的 1，管理效益提升率为 22.40%，年平均提升率为 3.73%。

第二阶段的测算结果为控制管理水平，即剥离了由于实施目标传导式绩效管理之后的经济效益评价。结合第一阶段的结果，我们就能够计算得出由于实施目标传导式绩效管理而使企业经济效益提升的部分，如图 5 – 14 所示。

图 5 – 14　整体管理效益与控制管理水平后的经济效益

从图 5 – 14 中可以看到，对比控制管理水平前后的综合效率评价，很明显管理水平对于整体经济效益的提升也起到重要的影响作用。同样，我们可以通过最初始的综合效率差值来估算目标传导式绩效管理实施所带来的经济效益改进，具体计算方法为：

$$P = \frac{控制管理水平后的初始效率值 - 未控制管理水平的初始效率值}{1 - 未控制管理水平的初始效率值}$$

$$= (0.817 - 0.759)/(1 - 0.759) = 24.07\%$$

即由于实施目标传导式绩效管理而给煤化工企业带来经济效益改进的部分占总体经济效益改进的比重达 24.07% 。这表明，神宁集团煤化工公司自 2012 年至 2017 年的经济效益提升中有近四分之一是由于实施了目标传导式绩效管理而带来的。

4. 具体经济效益测算

基于第二步的测算，我们可以进一步来估算由于实施目标传导式绩效管理而给各个具体经济效益所带来的改进。同样的我们采用

目标传导式绩效管理

简单的线性静态算法来估算由于目标传导式绩效管理而给神宁集团煤化工公司所带来的经济效益。

（1）产量增加的经济效益

由计算的 P 值可知，每年产品产量的增加量有 24.07% 是由于实施目标传导式绩效管理而带来的，因此，可计算 2013—2015 年主要产品的产量增加量，结果如表 5-5 所示。

表 5-5　　　　　　目标传导式绩效管理所带来的产量增加额

产品（万吨）	2013 年	2014 年	2015 年
甲醇	0.079	1.254	1.418
聚甲醛	—	-0.014	0.224
聚丙烯	1.095	-1.343	1.012

分别以 2014 年各类产品的市场价格进行估算，可以得到产量的增加经济效益为：

$$E1 = (0.079 + 1.254 + 1.418) \times 2150 + (-0.014 + 0.224) \times 9000 +$$
$$(1.095 - 1.343 + 1.012) \times 9435$$
$$= 5914.65 + 1890 + 7208.34 = 15012.99 （万元）$$

（2）成本节约的经济效益

每年各类产品节约的生产成本中，有 24.07% 是由于实施了目标传导式绩效管理而带来的。根据 P 值计算 2013—2015 年间目标传导式绩效管理为各类产品带来的直接生产成本节约额，结果如表 5-6 所示。

表 5-6　　　　　目标传导式绩效管理所带来的产品生产成本节约额

产品（元/吨）	2013 年	2014 年	2015 年
甲醇	40.25	51.51	95.27
聚甲醛	—	130.15	415.41
聚丙烯	277.61	336.14	294.70

分别将各类产品生产成本节约与对应年份的生产产量相乘，即可估算出由于成本节约而带来的经济效益为：

$$E2 = (40.25 \times 85.59 + 51.51 \times 90.80 + 95.27 \times 96.69) +$$
$$(130.15 \times 5.01 + 415.41 \times 6) + (277.61 \times 45.03 +$$
$$336.14 \times 39.45 + 294.70 \times 92.65) = 73543.73 \text{（万元）}$$

（3）总体经济效益

目标传导式绩效管理的总体经济效益主要包括产品产量增加的经济效益与成本节约的经济效益，估算结果为：

$$E = E1 + E2 = 15012.99 + 73543.73 = 88556.72 \text{（万元）}$$

第四节　环境效益分析

通过管理的改进而提升能源使用效率，这一观念已经成为各界的普遍共识。神宁集团煤化工公司实施目标传导式绩效管理的社会环境效益也主要是通过提升企业生产管理水平进而提升能源使用效率的。因此，我们选择从各类产品的能源消耗的角度来分析环境效益。

一　环境效益的特征事实

以单位产品原煤消耗量作为环境效益的分析指标。原煤既是煤制化工产品的主要原材料，也是煤制化工生产流程的动力原料，因此，单位化工产品原煤消耗量的合理管控，对企业生产成本起着举足轻重的作用。通过目标传导式绩效管理的实施，原煤的单位消耗量呈持续下降的趋势，如图 5 – 15 所示。

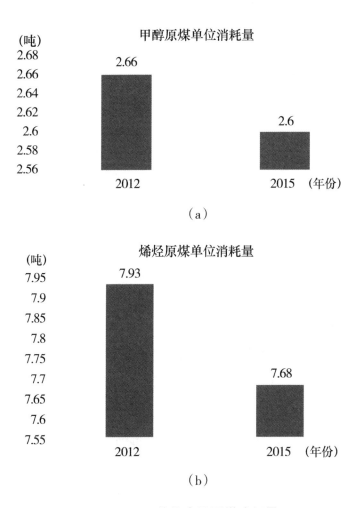

图 5 – 15　单位产品原煤消耗量

其中，甲醇厂原煤单位产品消耗量由 2012 年的 2.66 吨，下降至 2015 年的 2.6 吨，降低了 2.26%；烯烃公司原煤单位产品消耗量由 2012 年的 7.93 吨，下降至 2015 年的 7.68 吨，降低了 3.15%。

二　环境效益测算

运用二阶段 DEA 模型对神宁集团煤化工公司实施目标传导式绩效管理的环境效益进行测算，具体计算过程与管理效益及经济效益的过程相同，在此不再赘述，仅列出第二阶段的比对结果，如图 5 – 16 所示。

图 5 – 16　整体管理效益与控制管理水平后的环境效益

从图 5 – 16 中可以看到，对比控制管理水平前后的综合效率评价，很明显管理水平对于整体环境效益的提升也起到显著的影响作用。同样，我们可以通过最初始的综合效率差值来估算目标传导式绩效管理实施所带来的环境效益改进，具体计算方法为：

$$P = \frac{控制管理水平后的初始效率值 - 未控制管理水平的初始效率值}{1 - 未控制管理水平的初始效率值}$$

$$= (0.805 - 0.764) / (1 - 0.764) = 17.37\%$$

即由于实施目标传导式绩效管理而给煤化工企业带来环境效益

改进的部分占总体环境效益改进的比重达 17.37%。

1. 具体环境效益测算

基于第二步的测算，我们可以进一步来估算由于实施目标传导式绩效管理而给各个具体环境效益所带来的改进。同样的我们采用简单的线性静态算法来估算。

由计算的 P 值可知，2012 年至 2015 年间，因实施目标传导式绩效管理而减少的年均单位产品原煤消费量分别为，甲醇厂为 0.0034 吨，烯烃公司为 0.0145 吨。因此，可以计算出由此而节约的用煤量为：

$$W = (85.26 + 85.59 + 90.80 + 96.69) \times 0.0034 + (40.48 + 45.03 + 39.45 + 92.65) \times 0.0145 = 1.218 + 3.155 = 4.373 （万吨）$$

即 2012—2015 年间，实施目标传导式绩效管理后，减少原煤消费量为 4.373 万吨。

第六章　理论总结与理论创新

目标传导式绩效管理理论丰富了项目管理和企业生产运行的绩效管理理论，本研究在深入探析传统绩效管理存在的问题以及绩效管理理论发展脉络的基础上，针对企业建设和运行实践的情景化特征，提出目标传导式绩效管理理论框架。该理论体系包含目标管理体系、绩效评价体系、员工成长体系、薪酬激励体系四个部分，通过传导机制，把公司战略层层转化为公司的具体目标，把目标与绩效评价、薪酬激励、员工成长相结合，丰富和完善了绩效管理理论，实现了"人人有职责、事事有程序、干事有标准、过程有痕迹、改进有保障"的管理效果。

总体来说，目标传导式绩效管理的研究成果具有以下特色和创新之处：

第一，脱胎于传统绩效管理，根植于本土管理环境。传统绩效管理理论根植于西方政治经济文化土壤，当管理环境和文化出现差异时，如何对该理论体系进行本土化改造，从而更好地探讨集体主义文化背景下的绩效管理，构建符合中国国情、彰显中国特色、基于中国经验的综合绩效管理体系，具有重要的理论意义与应用价值。目标传导式绩效管理理论立足中国国情，从神宁集团煤制油化工板块的实际应用出发，在不断试错与实践中提炼理论方法体系，更具有本土化特征，更适用于中国企业，更体现出推广的价值。

在国内企业中，仍存在绩效管理流于形式，各级管理者对绩效管理有抵触情绪的问题。由于不能系统地看待绩效管理，不能将绩效融合在管理的过程中，只是为管理者提供了简单乏味的绩效考核表，空洞且缺乏说服力。绩效管理的过程也相对简单，缺乏过程的沟通和辅导，只是认为必要的时候才组织一些填表和考核业绩的工作，造成绩效管理流于形式，对提高企业管理效益收效甚微。具体而言，前文已经提到的包括绩效管理不能服务于战略目标、过分关注指标而忽视目标、过分强调绩效考评，忽略绩效管理各环节的协同作用、未能充分发挥绩效评价的效用、信息传递不畅，员工缺乏参与感等都是当前急需解决的问题。

总的来说，我国绩效管理的发展无论是在理论创新方面还是在实践突破方面，均存在较大的需求。为了使绩效管理更加本土化，更能服务于本土企业的发展，相关的理论学者与企业家还应共同努力以推进绩效管理的发展与创新。本研究即紧扣本国企业特征，立足国情，从实际出发，为绩效管理的本土化应用丰富理论基础和实践参考。

第二，紧扣目标管理，层层传导目标。目标传导式绩效管理克服了传统绩效管理理论体系注重实现企业发展的大目标，而忽略员工成长的小目标的弊端，通过持续开放的沟通过程，有机地融合了两个目标，使企业与员工的目标更为协同，形成组织所期望的利益和产出，并推动团队和个人作出有利于目标达成的行为，实现了企业和员工的双赢发展，在对人力资源柔性管理理论方面作出突破。

注意到现在一些企业里，上下级之间就工作目标进行沟通时，往往是很不公平的。管理者习惯了一味地通过命令、指派等方式来指挥工作，忽视或者不允许员工发挥其聪明才智和主观能动性。这种不平等的沟通只会出现一个结果，即压而不服，员工感受不到与企业的密切联系，常常一肚子抱怨，带着不满情绪去工作。如果企业在推行绩效管理时不能激发员工的潜能，目标得不到员工的认同，上下级之间不能达成一致，那么即便设定了很好的目标，最终也难以顺利完成。绩效管理的实施强调绩效计划、绩效辅导以及绩效考核与反馈的全程参与，绩效管理是指导员工和主管通过承诺共同提高绩效的一种管理工具，要提高管理效率，企业必须勇于对员工的发展和提高承担责任，积极引导员工参与到管理活动中来，让员工理解自己的目标与企业目标的协同性，将员工的成长与企业成长联系起来。

具体来说，在通常情况下，为了使员工对自身目标有一个全面的了解，不会发生"只埋头干活，不抬头看路"的情况，目标本身的沟通需要管理者与员工就如下问题达成一致：

企业的整体目标是什么？为了完成这样的整体目标，部门的目标是什么？为了达到这样的目标，员工应该做哪些工作？这些工作应该做到什么程度才算优秀和合格？对员工的工作应当制定什么样的标准，检查的方法和措施是什么？为什么要去做这些工作？什么时间能完成这些工作？为完成这些工作，需要得到哪些资源支持？需要提高哪些具体的知识和技能，应该得到什么样的培训？完成目标后有什么奖惩措施？等等。

通过将这些问题层层分解，完成目标从企业战略到员工自身的传导，有机地融合了企业与员工的目标，形成组织所期望的各方面利益和产出。

第三，有效借助信息技术，构建智能一体化平台。目标传导式绩效管理构建的智能型绩效一体化信息平台，综合安全类信息系统、生产类信息系统、经营类信息系统、党建类信息系统等，将庞杂而琐碎的工作通过有力的信息技术实现及时精准而系统的管理，极大地提升了绩效管理的效率。同时，随着大数据时代的来临，借助数据信息整合，在对员工实现绩效考核、提升管理效率的同时，可以让数据的价值最大化地被企业挖掘使用。

离开信息技术，公司各个层面的绩效考核管理基本处于单独部门或手工管理状态，传统相关信息传递均是依靠人工或办公系统完成，无法对考核情况和结果进行全面的统计、查询及分析评价，无疑会严重制约企业的发展，不利于企业应对竞争激烈的市场环境。管理信息系统将传统手工的绩效考核模式进行标准化、系统化、信息化，实现全员绩效考核工作及时、高效、公开，协助满足公司不断发展与壮大的需要。随着管理水平的进一步提升，对信息技术的依赖毋庸置疑，信息技术的相应提高也成了发展的必然要求。对于企业不断提升的要求，要达到"助力工作改进和业绩提高，激励员工持续改进，并最终实现组织战略目标"的全员、全程绩效管理。

第一节　理论总结

一　目标传导式绩效管理对目标管理理论的补充和完善

目标管理是绩效管理中的一种重要工具，是将组织的战略目标逐层细化分解，直到细分为具体量化可执行的每个岗位和员工个人目标，还要依据被考核人目标任务完成情况进行考核。企业的使命和任务，必须转化为目标，如果一个领域没有目标，这个领域的工作必然被忽视。因此管理者应该通过目标对下级进行管理，当组织高层管理者确定了组织目标后，必须对其进行有效分解，转变成各部门以及各个人的分目标，管理者根据分目标的完成情况对下级进行考核、评价和奖惩。如果没有方向一致的分目标指示每个人的工作，则企业的规模越大，人员越多，专业分工越细，发生冲突和浪费的可能性就越大。企业每个管理人员和工人的分目标就是企业总目标对他的要求，同时也是员工对企业总目标的贡献。只有完成每一个目标，企业总目标才有完成的希望，而分目标又是各级领导人员对下属人员进行考核的主要依据。德鲁克认为，目标管理的最大优点在于它能使人们用自我控制的管理来代替受他人支配的管理，激发人们发挥最大的能力把事情做好。

目标管理理论与传统管理方法相比的优点前文已有详细阐述，

核心表现在：首先，其对权力责任的规定更加明确，从而使得员工能更清楚地了解自己的工作价值；其次，更强调职工的平等参与从而取得目标的统一；最后，更注重实际成果而非止步于行动表现。

可以看出，目标管理可以提高职责分工，并且容易发现授权不足及职责不清的缺陷，更重要的是可以调动员工的主动性与积极性。目标管理较好地体现了现代企业管理思想，是上下级之间互动沟通交流的重要平台和过程体现。但是目标管理本身的缺陷也十分显著：

首先，目标设置本身就是困难的事情。企业是一个精密分工合作的组织，尤其是大型的国有企业。这类企业内部的各个部门相互协作配合，而单个部门或者个人的工作业绩和绩效都和其他的部门和同事紧密关联。单个部门的目标很难孤立量化出来。其次，大部分的目标管理通常对目标的设置时间较短，目标管理容易导致企业内部的部门和个人过于关注短期目标，而忽视了长期目标。最后，目标管理对单个部门或者个人的指标考核容易导致这些部门和个人在追逐自身目标时，以牺牲企业整体利益为代价。针对传统目标管理理论的弊端和缺陷，目标传导式绩效管理有如下改进及补充：

其一，从系统论的角度出发将整体利益和目的进行逐层分解，制定科学合理的目标及考评体系。考虑到为现代管理科学提供了新思维方式的系统论思想，对管理中出现的复杂性、组织性、开放性和非线性问题给出了较为科学的解决思路——不是先分析后综合的单向性，而是把分析和综合有机结合、互相反馈的双向性。在系统论的指导下，目标传导式绩效管理对改善相关业务单元绩效管理条块分割明显、机关部门组织缺乏协调、绩效管理机构相对不完善的局面进步明显，利用制度、办法和相应流程的同时，重视部门间协调性工作或指标的管理和对关系集团战略目标实现的关键业绩的统一运作和协同。避免了部门之间的冲突，也从而避免了部门之间单独设计目标而产生的部门行为相抵的现象，减少了员工可能产生的不公平感，另外，通过控制论的思想，再辅助以循环反馈调整的机制，保证在目标的层层分解与传导过程中，单个个人和部门的目标与企业的整体利益达到统一和协调，避免个人利益最大化的同时，出现集体利益受损的双边化效应，并将长期战略目标亦分解融入其中，避免了本位主义、短视和急功近利思想的产生。

其二，以控制论为基础，构建反馈机制，面对实际情况及时进行调整。目标传导式绩效管理系统是一种典型的控制系统，通过信息反馈来揭示绩效成效与标准之间的差，并采取纠正措施，使绩效管理系统稳定在预定的目标状态下。在绩效管理中，作为管理职能之一的控制是指：为了确保组织的目标以及为此而拟定的计划能够得以实现，各级人员根据事先确定的标准或因发展的需要而重新拟定的标准，对下级的工作进行衡量、测量和评价，并在出现偏差时进行纠正，以防止偏差继续发展，今后再度发生。在目标传导式绩效管理中，需要不断地进行标准的拟定和及时纠正偏差，因此控制论思想方法贯穿在绩效管理的全过程中。在目标传导式绩效管理的具体环节之中，绩效管理一体化平台的设立就是以控制论为基础，也最能体现控制论的思想。绩效管理一体化平台的建设是绩效评价体系的重要环节之一。绩效评价体系首先搭建了绩效评价的基础框架，由目标传导、职责、行为评价三类路径形成的考评指标、主次分明的指标权重、合理的考评流程、严谨的考评标准组成。在此基础上建设绩效一体化平台，借助各专业化信息平台的数据支撑，实现考核数据的在线实时提取与比对，将考核的事后奖惩功能转变为实时预警与改进，提升考核的时效性。同时，为保证考核标准的严谨性与有效性，进行综合管理体系建设，制定了管理标准、工作标准、技术标准。最后，通过管理业务与行为的工作定量化与指标评价过程的定量化，改变定性指标评价不确定的问题，实现了定量指标数字化、定性指标定量化考核的目的。

二 目标传导式绩效管理对绩效管理理论的补充和完善

绩效管理是组织绩效和员工绩效的综合管理系统，通过将组织目标逐层逐级分解到各级组织和员工，形成绩效目标体系，对目标的完成情况进行跟踪监控，定期进行全面综合评价，依据评价结果进行考核奖惩的一种绩效管理方法。从概念上看，绩效管理是一个比较宽泛的概念，它包含了从绩效计划到考核标准的制定，从具体考核、评价的实施，直至信息反馈、总结和改进工作等全部活动的过程。从概念层面讲，绩效管理是指为了达成组织的目标，通过持续开放的沟通过程，形成组织目标所预期的利益和产出，并推动团队和个人作出有利于目标达成的行为。从实践的角度来看，绩效管理是一种提高组织员工的绩效和开发团队、个体的潜能，使组织不断获得成功的管理思想和具有战略意义的、整合的管理方法。

通过绩效管理，可以帮助企业实现其绩效的持续发展，促进形成一个以绩效为导向的企业文化；激励员工，使他们的工作更加投入；促使员工开发自身的潜能，提高他们的工作满意度；增强团队的凝聚力，改善团队的绩效；通过不断的工作沟通和交流，发展员工与管理者之间建设性的、开放性的关系，给员工提供表达自己的工作愿望和期望的机会。绩效管理制度不仅是管理体系中的重要组成部分，而且是人力资源管理的核心保障。

但传统的绩效管理理论也有一些不足：首先，传统的绩效管理把绩效考核和管理两者完全等同起来，认为绩效考核完成就是完成了对企业组织的管理。在这样的指导思想下，导致对员工考核频率过高和指标过细。这样的管理导向也导致员工唯考核论，只关注考核指标，而忽视了完整系统高质量地完成自己的工作。考核指标永远是有限的，预先设定的，但是每个员工要高质量地完成本职工作，会遇到很多突发的情况，需要做很多考核指标以外的工作。其次，传统的绩效考核过于关注量化指标。通常采用的方式是打分和强制分布法，而在这些传统的绩效考核方式下，"老好人"的思想容易导致企业的绩效考核过程流于形式，其科学性和准确性相对较差。最后，传统的绩效管理其设定流程是从每个部门和个人的具体工作出发，自下至上的设立过程，而不是从企业战略和文化的高度从上到下设置的。这样的绩效管理设计过程很难保持企业各个部门与整体的目标达成一致。

目标传导式绩效管理在理论上也是对传统绩效管理的有力补充、完善与延伸。在传统的绩效管理中一个有力的工具就是PDCA，PDCA循环在绩效管理中起着重要的作用，而目标传导式绩效管理吸收并充分应用了PDCA循环的思想。在"四体系、一平台"中，绩效评价体系包含四个部分——绩效计划、绩效实施、绩效考评、绩效改进，就分别对应着P（Plan）计划、D（Do）实施、C（Check）检查、A（Action）行动。在目标传导式绩效管理理论框架中，这四个部分是循环指向、循环促进的。因为在企业中，绩效考核的周期性使得在每一次绩效考核中发现的个人和部门的工作不足之处可以被检查并反馈给考评者和被考评者，从而能够在下一个PDCA循环中进行改进，评估与发展并重的思想在目标传导式绩效管理中得到延续与完善。另外，注意到前文提到的通过对信息技术的应用，构建绩效管理一体化平台，可以很好地解决绩效管理中存在的绩效指标的设定不准确，绩效考核结果难以保证公平、公正，考核结果缺乏有效应用，绩效管理信息化基础不足等问题，而"四体系、一平台"的核心管理思想更是将绩效至上、重结果偏过程、绩效管理与企业战略脱节的问题一一克服。

总的来说，在理论上，绩效管理理论并没有清晰地定义绩效管理要素，因此实践中绩效管理在与企业环境、战略、文化、组织特征等要素的连接上往往显得笼统而又脆弱；系统设计上，没能清晰地体现绩效管理控制变量、流程的自修复、优化功能，于系统的管理而言，有失完善。相较之下，目标传导式绩效管理理论融合了战略管理、目标管理、行为激励理论、控制论、系统论等理论的思想，相对于传统绩效管理具有传导速度快、传导能力强、针对性强、公平准确等优点。

三　目标传导式绩效管理对行为激励理论的补充和完善

行为激励理论不再仅仅局限于"经济人"的理论假设，而是将人作为"社会人"、"自我实现人"和"复杂人"等假设基础上，主张人是管理中最核心的因素，既是管理的主体又是管理的客体，管理时需重视激励人发挥积极性、主动性和创造性，同时注意发挥组织中非正式组织在管理中的积极作用，从而达到管理的最优化效果。

在第二章已提到，具体而言，激励理论的重要性包括：首先，传统的激励理论能够帮助管理者将员工的复杂需求进行一定的总结归纳和量化，切实实现"以人为本"的管理理念。其次，传统的激励理论可以引导管理人员关注绩效管理中涉及的个体差异性及个体认知的不同。最后，传统的激励理论从实践的角度为管理者提出了具体注意事项及操作指南。同时，行为激励理论的局限性包括：首先，其忽视了经济、技术、环境和实际条件的巨大影响，尤其是缺乏对企业战略发展环境的思考。其次，行为激励理论过于简化了人类行为背后的影响因素。最后，行为激励理论的研究主体"人"始终处在变化之中，难以作出定论。

作为目标传导式绩效管理理论四体系中的两个重要体系——薪酬激励体系和员工成长体系，对行为激励理论作出了一定的补充和完善。

第一，采用更为科学合理的激励方法。薪酬激励体系采用360度评价方法，使得各层级各部门的人员进行打分排序，将环境和条件的影响纳入考虑范围，这种机制的设计增加了公平性。同时，薪酬激励体系采用区间系数法，依据岗位排序得出相应的分值，作为该岗位的调节系数。这种机制具有科学性、公开性和透明性，从而降低了执行的难度，是对行为激励理论的细化与深化。

第二，对员工进行更密切的关注。具体体现在员工成长体系的设计中。员工成长体系包括绩效档案、职业生涯规划、员工评价模型，这三个模块相互补充和协调作用。员工绩效档案可以详细记录每个员工职业生涯的各个环节，因此在绩效档案的基础上，可以发掘出每个员工的特色和优点以及缺点，这个环节可以帮助企业对员工进行更好的职业生涯规划，避免员工本身的盲目性以及员工才能的浪费和岗位的不匹配；企业设计的职业生涯规划，改变了传统绩效管理中管理者和员工分离的上下级角色，将员工由被监督者转变成自我绩效的管理者，将管理者的角色转换为员工职业生涯规划的服务者，这种角色的转换使得绩效管理的效率和激励作用大大增加，这种职业生涯规划设计，可以充分地发挥员工的潜能和对其的激励作用，从人力资本增值的角度达到企业价值最大化的目的；员工评价模型对员工从品格、业绩、能力、学历背景等角度进行综合评价，主要由员工绩效、测评、竞聘与评定三部分组成，员工评价模型是对员工职业生涯规划的总结，从员工评价模型获得的结果可以对员工成长进行很好的指导。员工成长体系同时也是目标传导式绩效管理的目的和延伸，作为理论上的重要创新，实践应用角度上的范例，具有很强的操作性和重要的指导意义，丰富完善了行为激励理论。

行为激励理论分为内容型激励理论、过程型激励理论、行为改造型激励理论。这些理论都是从一般化的社会生活和生产活动中提炼和总结出来的，但是过于一般化，距离指导实践还有一定差距。而目标传导式绩效管理中的薪酬激励体系和员工成长体系，从物质和精神方面对员工的行为都有着更为直接而有力的激励作用。

四　以信息化为载体的管理理论创新

目标传导式绩效管理的概念与内涵，是以企业持续发展与员工成长为最终目的，以全员参与的目标管理与绩效循环为过程，以全方位的激励应用为保障，以信息化平台为载体，包含了目标管理体系、绩效评价体系、薪酬激励体系、员工成长体系的具有系统性、完整性的目标传导式绩效管理。其中最核心的内容和最直观的体现是通过信息管理平台综合有机地结合起来的"四体系、一平台"，而四体系是相互关联、相互循环的，并且是分级分层的。

第一，目标管理体系是由企业的使命愿景、战略目标、年度目标、经营目标、业绩指标构成，传统的目标管理中往往指标单一，仅仅是经营目标或者业绩指标。而目标传导式绩效管理的绩效管理体系是从大到小，逐层细化，将企业的愿景、战略、年度、经营、业绩进行逐层分解，使得单个个人和部门的目标与企业的整体利益达到统一和协调，更为科学合理地赋予员工具体而清晰的责任与目标，进而促进企业目标的实现。

第二，紧接着目标管理体系的考核评价体系，也是目标管理体系下的直接延伸和产物。其中考核评价体系包含四个方面：绩效计划、绩效实施、绩效考评、绩效改进，这四个方面相互指向、相互关联。其中考核计划直接影响绩效实施的过程和方式方法，绩效实施的方式方法会直接影响绩效考评的结果，绩效考评的结果会帮助展示出绩效改进的努力方向，而绩效改进是直接关联未来绩效计划的调整。考虑到以往的考核评价体系往往是线性和直线型的，缺少反馈的环节，这四个方面的循环也是该管理方法的创新之处。

第三，薪酬激励体系和员工成长体系是以上两个体系的支撑和支持。薪酬激励体系包括年薪、岗位薪酬、效益薪酬；员工成长体系包括职业规划、绩效档案、员工评价。这两个体系分别从金钱方面和个人成长方面对员工进行激励。金钱方面的激励作用通常是短期而且激励力量较大的，成长方面的激励通常是长远而且激励持久性更强的。这两个点在以往的研究中往往是割裂开的，而目标传导式绩效管理，将这两者有机地结合在一起。

以上所述的四体系通过信息管理平台进行有机地糅合和合并执行，并通过信息管理平台更为精准而有效地实现目标传导式绩效管理。信息管理平台的一个重要特征在于，管理人群的数量越多优势越大。目标传导式绩效管理一体化平台以数据库为底层支持，构建了运行管理、执行控制、基础设施三个层级。其中基础设施是对运行管理和执行控制环节的支持；而执行控制是对生产管理各个环节的控制与掌控；运行管理则是面向员工和管理者的操作界面。在一体化信息平台中，将目标分解、绩效管理、薪酬激励、员工发展规划等融为一体。

仍以实际案例来说明：在神宁集团煤制油化工基地建设与管理项目中，目标传导式绩效管理理论在实施的过程当中，建立了管理标准 3801 项，技术标准 3539 项，工作标准 2304 项；规范了板块内各单位绩效考评指标体系，建立了关键绩效指标库，形成了绩效考评指标手册 9 册，制定了组织绩效考评指标 19724 个，岗位绩效考评指标 43975 个；建立了以员工月度绩效成绩为基准，结合年度获奖、创新、处罚及培训等内容的全员绩效档案；以四大体系为主线，11 个信息化系统为数据提取源，建设了由组织绩效指标模型、岗位绩效指标模型、集成技术模型、任务量化考核模型、绩效分析模型、全员奖金兑现模型和员工成长模型等七大模型所构成的绩效管理一体化平台，确保了目标传导式绩效管理的有效落地。目标传导式绩效管理通过系统集成、网络协同，构建了全员性参与、全要素整合、全过程跟踪、全指标量化、全天候评价、全方位激励的 GCP 管理信息化平台，目标传导式绩效管理所涉及的"四体系、一平台"最终都是在目标传导式绩效管理一体化平台中实现，完成了以信息化为载体的管理创新。

第二节 理论创新

目标传导式绩效管理的理论创新可以从以下三个角度进行总结。

一 对绩效管理基础理论体系的创新

如上节中的阐述，目标传导式绩效管理理论是对绩效管理基础理论体系的补充和完善。

目标传导式绩效管理建立在传统的绩效管理基础之上，但与普遍应用的企业绩效管理研究成果相比，目标传导式绩效管理将企业的绩效管理视为一个完整的、循环的、多层级的系统，对企业绩效管理的运行机制和保障要素进行了较深入的分析，分别从基本目标、支撑理论、运行机制、实施与保障、运作模式和实践应用等多个角度进行创新性研究。本理论在现有理论基础上，探索构建了完整的目标传导式绩效管理基础理论体系，即由系统论、控制论作为一般性理论基础，由战略管理理论、目标管理理论、过程型激励理论与内容型激励理论、职业生涯发展理论为主体基础理论框架，由博弈论、权变管理理论、制度经济学、信息经济学、计量经济学、社会比较论等为辅助理论，共同构建的基础理论体系。

二 对绩效管理框架和流程的创新

目标传导式绩效管理理论的核心"四体系、一平台"是对绩效管理框架和流程实现的重要创新。具体包括其中应用到的信息技术——信息管理平台，在神宁集团煤制油化工基地建设与管理过程中，体现在四个体系中的纵横贯穿的目标传导流程、循环改进的绩效考评流程、双向多重的薪酬激励流程、机动灵活的员工成长流程。

目标传导式绩效管理中的"四体系"最终通过信息管理平台综合有机地结合起来。目标传导式绩效管理一体化平台为"四体系"顺利实施的依托及效率保障，无论是目标管理体系中目标的层层分解及关键绩效指标的确定，还是考核评价体系中数据的收集、更新以及信息的反馈，抑或是薪酬激励体系与员工成长体系中薪酬的分配及员工职业生涯规划的设定，其工作量的巨大及工作复杂度都是难以想象的，而绩效管理一体化信息平台的建立则利用信息技术，实现了数据的自动获取、智能分析、全过程跟踪、全天候评价，从而有效地克服了以上所提出的四体系所面临的问题，提升了目标传导式绩效管理系统的运行效率，并最大程度地避免了人为因素的暗箱效应，保证了四体系间信息的高效流通，增加了目标传导式绩效管理透明度及其在员工心中的可信度。

另外，对于具体流程的创新，具体到"四个体系"：目标管理体系中，纵横贯穿的目标传导流程是一大创新，将企业战略目标横向传导至员工成长体系，纵向传导至员工绩效指标；绩效评价体系中，依据 PDCA 反馈优化思想设计的循环改进的绩效考评流程是一大创新，绩效计划、绩效实施、绩效考评、绩效改进的循环是企业不断提升管理效率的重要基础；薪酬激励体系中，双向多重的薪酬激励流程是一大创新，即采取自下而上统计、自上而下分配的双向流程，奖励方式多种多样，基本薪酬、激励薪酬、福利薪酬共同构成了员工绩效薪酬；员工成长体系中，机动灵活的员工成长流程也是一大创新，以员工能力为依据，能者上庸者下，一改国有企业混资历的升职通道，为该绩效管理体系注入了活力。

三 对绩效管理模型和方法的创新

在目标传导式绩效管理的过程中，也应用到了一些较为重要的模型和方法，尤其体现在难度较大的管理效果分析与测度方面。

在薪酬激励体系的设计与实施中，部门绩效调节系数模型采用了优序图法、对偶分析法、层次分析法进行设计实施，以尝试减弱目标设置与满意感两者之间的负相关函数，运用优序图法、区间系数法和 360 度评价法等方法，形成了一套组织、岗位两个层级的调节系数设置模型。在员工成长体系中，设置员工绩效档案记录月度绩效考评得分，根据年度获奖、创新和处罚情况如个人表彰、论文发表、专利获取等进行0.5—5分区间内的加减分，最终形成员工的年度绩效得分并记录形成绩效档案，该绩效档案应用于员工评价与职业生涯规划的各个环节中，既有直接引用与采纳年度得分与奖罚，也有间接地将档案成绩进行评价组织内排序后使用，客观地反映横向对比结果。

在管理水平的测度时，用到了 Bloom 的管理能力测评表，对其中的监督与实施5个问项、目标管理3个问项、激励管理8个问项，每个问项设置3—6个阶梯式的选项答案，采用归一化的量化方法，并根据计算规则进行评价计算，得出评价得分，来判断整体管理是否有显著提升。

在管理、经济、环境效益的测算中，运用二阶段 DEA 测评方法来进行具体测算，煤化工基地实施目标传导式绩效管理之后，整体的管理控制效率大幅度提升，但需要科学的方法，来排除其他技术或设备方面因素的影响，而经过计算测量，二阶段 DEA 测评方法较好地反映了目标传导式绩效管理带给企业的效益提升。

以上模型都在该项目中通过了大规模的实践检验，其结果科学可靠，应用过程具有易用性和强操作性。

第三节　研究总结与展望

目标传导式绩效管理本身对于当下企业有重要的参考和指导意义。人均劳动力成本处于高位，劳动生产率不高是很多企业都难以避免的问题，相较于其他性质的企业，传统行业的国有企业问题更为严重，企业生产管理成本居高不下已经影响到企业经济目标的实现，并严重阻碍了我国大型企业的竞争力提升，通过从神宁集团煤制油化工基地建设与管理项目中提炼出的目标传导式绩效管理，有针对性地揭示了目前企业面对的问题和提升管理效率的痛点，并给出了经过检验较为全面详细且有效的设计与实施方式。该研究指出，目标传导式绩效管理体系的推行，可以确保年度经营目标通过逐步分解落实到各岗位，压力传递到各岗位，把岗位责任与公司战略目标有机结合，使得企业战略落地有所支撑，同时有效激发管理者和员工的积极性、主动性，提高生产管理效率，降低运营成本，缓解企业面临的内外部压力。

但不容忽视的是目标传导式绩效管理体系在推广中所难以避免的问题，首先作为一种较新且涉及变动范围极广的模式，在推广应用中，会与企业现存的经营管理考核体系存在很多重复和交叉的地方，特别是传统产业的大型企业，固有的管理模式和管理体系很难完全改变或者废弃，但是如果各类管理模式同时运行，则会造成较大的资源浪费，甚至出现管理缺位的混乱现象。另外，研究中也提到运行该管理模式所需的必要支持与保障，该管理模式对企业的文化氛围、员工队伍整体素质和企业信息化应用程度要求都比较高，推进过程中必定需要大量的人力、物力和财力，而团队意识等企业文化的建立更非一日之功，当前企业普遍面临发展困难，除了会给企业带来经济上的压力，更有可能面临无法融合适应的变革结果。故而该管理体系的应用与推广将面临较大的困难与挑战。

本研究目标传导式绩效管理的宝贵经验和理论总结都是从实践中通过演绎的方法归纳总结而来。以演绎的方法对企业绩效管理进行理论挖掘和实际研究，以系统科学的理论方法剖析了企业绩效的运行规律与机制，将其放在我国企业管理水平持续提升这一应用背景中，对企业战略完成的保障具有重要意义。

虽然在大型国有企业已经实施运营很多年，国内对于企业推行目标传导式绩效管理的研究成果和理论总体仍相对缺乏，这些经验、理论和方法的推广仍有一定的局限性，目前有些企业实施了绩效管理，但大部分企业尚未建立完善的绩效管理体系。因此也希望通过本研究报告，能够让更多的企业和行业接触到目标传导式绩效管理的理论，并给这些企业带来更好的收益和回报。

目标传导式绩效管理

参考文献

一 中文

方国华：《多目标决策理论、方法及其应用》，科学出版社 2011 年版。

方振邦、罗海元：《战略性绩效管理》，中国人民大学出版社 2010 年版。

方振邦、许东华：《管理思想史》，中国人民大学出版社 2011 年版。

付维宁：《绩效与薪酬管理》，清华大学出版社 2016 年版。

葛玉辉、陈悦明：《绩效管理实》，清华大学出版社 2008 年版。

侯坤：《绩效管理制度设计》，中国工人出版社 2004 年版。

揭筱纹：《管理思想史》，清华大学出版社 2011 年版。

林锉云、董加礼：《多目标优化的方法与理论》，吉林教育出版社 1992 年版。

刘永芳：《管理心理学》，清华大学出版社 2008 年版。

马仁杰、王荣科、左雪梅：《管理学原理》，人民邮电出版社 2013 年版。

秦杨勇：《平衡计分卡与绩效管理》，中国经济出版社 2009 年版。

邱菀华：《管理决策与应用熵学》，机械工业出版社 2002 年版。

饶征、孙波：《以 KPI 为核心的绩效管理》，中国人民大学出版社 2003 年版。

魏杰：《企业文化塑造》，中国发展出版社 2002 年版。

徐斌：《绩效管理流程与实务》，人民邮电出版社 2006 年版。

许玉林：《组织设计与管理》，复旦大学出版社 2005 年版。

杨雷：《群体决策理论与应用》，经济科学出版社 2004 年版。

左军：《多目标决策分析》，浙江大学出版社 1991 年版。

［美］阿努平迪：《企业流程管理》，梅绍祖、蒋梨利译，清华大学出版社 2003 年版。

［美］赫伯特·赫尼曼、蒂莫西·贾奇：《组织人员配置》，机械工业出版社 2005 年版。

［美］理查德·威廉姆斯：《组织绩效管理》，蓝天星翻译公司译，清华大学出版社 2002 年版。

［美］斯蒂芬·P. 罗宾斯：《组织行为学》，孙建敏、李原等译，中国人民大学出版社 1997 年版。

安娜：《基于 KPI 的国有企业绩效考核体系研究》，《企业改革与管理》2016 年第 10 期。

白刚、李朝晖：《绩效考核的"变戒"》，《销售与市场》（管理版）2008 年第 1 期。

白植铭、裴道武、毛敏：《基于直觉模糊熵的多目标决策》，《浙江理工大学学报》（自然科学版）2012 年第 29 期。

车晓静、吴洁、毛健等：《中小企业知识产权托管双边匹配的模糊多目标决策方法》，《江苏科技大学学报》（自然科学版）2017 年第 31 期。

陈春花：《企业文化的改造与创新》，《北京大学学报》（哲学社会科学版）1999 年第 36 期。

陈莹莉：《绩效管理理论基础的回顾与展望》，《人力资源管理》2015 年第 5 期。

陈颖：《神华宁煤集团企业文化建设的探索与实践》，《煤炭经济研究》2007 年第 5 期。

郭金维、蒲绪强、高祥等：《一种改进的多目标决策指标权重计算方法》，《西安电子科技大学学报》2014 年第 41 期。

胡祖光、张鹏：《组织公平在员工绩效管理中的作用》，《区域经济评论》2007 年第 9 期。

黄岳钧：《绩效管理过程中的员工心理问题》，《中国人力资源开发》2007 年第 9 期。

贾驰千、冯冬芹：《基于多目标决策的工控系统设备安全评估方法研究》，《自动化学报》2016 年第 42 期。

孔继利、苑春荟、杨福兴等：《平顺移动模式下考虑加工时间与调整时间可分离的多目标流水车间批量调度》，《系统工程理论与实践》2017 年第 37 期。

李阳、张明广、钱城江等：《基于理想优基点法的原油储罐区布局多目标决策》，《安全与环境工程》2016 年第 23 期。

李耘涛、刘妍：《职业发展阶段知识员工成长与科技型中小企业文化管理——基于天津市的实证分析》，《人力资源管理》2016 年第 3 期。

梁樑、熊立、王国华：《一种群决策中专家客观权重的确定方法》，《系统工程与电子技术》2005 年第 27 期。

刘春华、张再生、李祥飞：《基于混合多目标决策的我国中小企业创业政策评估》，《系统工程》2015 年第 3 期。

刘文奇、余高锋、胥楚贵：《多目标决策的激励策略可行解》，《控制与决策》2013 年第 28 期。

刘耀中：《成功实施绩效管理的关键行为因素结构及其与组织承诺和组织绩效的相关研究》，《心理科学》2007 年第 30 期。

刘志远、刘洁：《信息技术条件下的企业内部控制》，《会计研究》2001 年第 12 期。

陆明生：《多目标决策中的权系数》，《系统工程理论与实践》1986 年第 6 期。

罗晓林：《EVA 和 BSC 两种业绩评价方法的比较分析》，《企业经济》

2002 年第 6 期。

孟雪、李宾：《多目标决策分析模型及应用研究》，《现代管理科学》
2013 年第 7 期。

乔均、祁晓荔、储俊松：《基于平衡计分卡模型的电信企业绩效评价
研究——以中国网络通信集团江苏省公司为例》，《中国工业经
济》2007 年第 2 期。

孙宋芝：《EVA 业绩评价方法研究综述》，《会计之友》（上旬刊）
2010 年第 3 期。

万宏：《国有企业组织结构设计的原则》，《四川师范大学学报》（社
会科学版）2005 年第 32 期。

汪纯孝、伍晓弈、张秀娟：《企业薪酬管理公平性对员工工作态度和
行为的影响》，《南开管理评论》2006 年第 9 期。

王芳、饶运清、唐秋华等：《多目标决策下 Pareto 非支配解的快速构
造方法》，《系统工程理论与实践》2016 年第 36 期。

王念新、仲伟俊、梅姝娥：《信息技术，核心能力和企业绩效的实证
研究》，《管理科学》2010 年第 12 期。

王艳艳：《绩效管理的理论基础研究：回顾与展望》，《现代管理科
学》2011 年第 6 期。

魏成：《国有企业薪酬激励机制的分析》，《经营管理者》2016 年第
12 期。

吴云燕、华中生、查勇：《AHP 中群决策权重的确定与判断矩阵的
合并》，《运筹与管理》2003 年第 12 期。

谢应宽：《B·F·斯金纳强化理论探析》，《贵州师范大学学报》（自
然科学版）2003 年第 1 期。

徐泽水：《模糊互补判断矩阵排序的一种算法》，《系统工程学报》
2001 年第 16 期。

许晖、王琳、张阳：《国际新创企业创业知识溢出及知识整合机制研
究》，《管理世界》2015 年第 6 期。

杨成炎：《"EVA 综合平衡计分卡"业绩评价系统的构建》，《工业技术经济》2006 年第 25 期。

杨刚、汪志明、陈添等：《多目标决策方法在煤层气井完井方式优选中的应用》，《特种油气藏》2013 年第 20 期。

杨桂元、郑亚豪：《多目标决策问题及其求解方法研究》，《数学的实践与认识》2012 年第 42 期。

姚思广：《基于内容服务的企业绩效管理研究》，《中国商贸》2013 年第 29 期。

于大春、张华杰、宋万超：《绩效管理理论研究综述》，《情报杂志》2010 年第 29 期。

翟东进：《企业内部模拟市场构建中目标成本分解方法》，《东北电力学院学报》2004 年第 24 期。

张建卫、刘玉新：《企业反生产行为：概念与结构解析》，《心理科学进展》2009 年第 17 期。

张美华：《企业绩效：复杂科学管理和协同学视角》，《科技管理研究》2010 年第 30 期。

张璋：《政府绩效评估的元设计理论：两种模式及其批判》，《中国行政管理》2000 年第 6 期。

赵全超、赵国杰、王举颖：《基于 BP 神经网络模型的企业综合绩效评价方法研究》，《天津理工大学学报》2004 年第 20 期。

赵欣、沈立炜、彭鑫等：《P_ MOEA：一种多目标决策辅助遗传算法用于服务组合 QoS 优化》，《中国科学：信息科学》2013 年第 43 期。

周研来、郭生练、陈进：《溪洛渡—向家坝—三峡梯级水库联合蓄水方案与多目标决策研究》，《水利学报》2015 年第 46 期。

李万春：《西方行为科学管理思想的演进及借鉴》，云南财经大学，博士学位论文，2013 年。

李伟成：《基于平衡计分卡的政府部门绩效管理研究》，华中科技大学，硕士学位论文，2012 年。

宋哲：《基于内部服务的企业绩效管理研究》，天津大学，博士学位论文，2009 年。

唐和俭：《安仁县烟草公司绩效管理体系优化研究》，湘潭大学，硕士学位论文，2013 年。

吴占雄：《SN 集团目标传导式绩效管理体系研究》，西北大学，硕士学位论文，2016 年。

张殿峰：《基于平衡记分卡 YZ 百货商城 KPI 指标体系构建与应用研究》，山东大学，硕士学位论文，2017 年。

赵旖旎：《基于 EVA 指标的企业业绩评价研究》，内蒙古农业大学，硕士学位论文，2017 年。

赵玉涛：《基于权变理论的中国保险公司风险管理体系构建研究》，对外经济贸易大学，博士学位论文，2014 年。

周省时：《基于平衡计分卡的中国县级政府绩效管理体系研究》，武汉大学，博士学位论文，2013 年。

周小利：《绩效管理理论和方法应用研究》，广东商学院，硕士学位论文，2010 年。

二　英文

Bates R. A. , Iii E. F. H. , "Computerized Performance Monitoring: A Review of Human Resourceissues", *Human Resource Management Review*, 1995, 5 (4): 267 – 288.

Benayoun R. M. , "Linear Programming with Multiple Objective Functions: STEP method (STEM)", *Mathematic Programming*, 1971, 1: 366 – 375.

Bernardin H. J. , Jr H. W. H. , Peyrefitte J. , "Age, Racial, and Gender Bias as A Function Criterion Specificity: A Test of Expertotestimony",

Human Resource Management Review, 1995, 5（1）: 63 – 77.

Capon N. , Farley J. U. , Hoenig S. , *Toward An Integrative Explanation of Corporate Financial Performance*, Springer Netherlands, 1996.

Cardy R. L. , Dobbins G. H. , "Human Resource Management in A Total Quality Organizational Environment: Shifting from A Traditional to A TQHRM Dapproach", *Journal of Quality Management*, 1996, 1（1）: 5 – 20.

Changkong V. , Haimes Y. Y. , *Multio-bjective Decision Making: Theory and Methodology*, Amersterdam: North-Holland Pub. , 1983.

Coleman V. I. , Borman W. C. , "Investigating the Underlying Structure of the Citizenship Performanceodomain", *Human Resource Management Review*, 2000, 10（1）: 25 – 44.

Das I. Dennis J. , "Normal-boundary Intersection: A New Method for Generating Pareto Optimal Points in Multi-criteria Optimization Problems", Technical Report, Dept. of Computation and Applied mathematics, Texas: Rice University, 1996.

Dess G. G. , Lumpkin G. T. , Covin J. G. , "Entrepreneurial Strategy Making and Firm Performance: Tests of Contingency and Configurational Models", *Strategic Management Journal*, 1997, 18（9）: 677 – 695.

Geoffrion, A. M. , "Proper Efficiency and the Theory of Vector Maximization", *Journal of Mathematical Analysis and Applications*, 1968, 22: 618 – 630.

Hillermeier C. , "Generalized Homotopic Approach to Multi-objective Optimization", *Journal of Optimization Theory and Applications*, 2001, 110: 557 – 583.

Johnsen Z. , *Studies in Multi-objective Decisionomodels*, Lund Sweden: Economic Research Center in Lund, 1968.

Kaplan R. S. , Norton D. P. , "Chapter 18 – Putting the Balanced Scorecard Towork", *Economic Impact of Knowledge*, 1998, 71 (5): 315 – 324.

Kaplan R. S. , Norton D. P. , "Strategic Learning and the Balanced Scorecard", *Strategy & Leadership*, 1996, 24 (5): 18 – 24.

Katz D. , Kahn R. L. , "The Social Psychology of Organizations, 2nd Edition", *Hauptwerke Der Organisations Iheorie*, 1978.

Koopmans, T. C. , "Activity Analysis of Production and Allocation", *Cowles Commission Monograph*, New York: John Wiley and Sons, 1951, 13: 33 – 97.

Kuhn H. W. and Tucker A. W. , "Nolinear Analysis", In: Proceeding of the Second Berkley Symposium on Mathematical Statistics and Probability. California: University of California Press, 1951: 481 – 492.

Murphy G. B. , Trailer J. W. , Hill R. C. , "Measuring Performance in Entrepreneurship Research", *Journal of Business Research*, 1996, 36 (1): 15 – 23.

Nicholas Bloom and John Van Reenen, "Measuring and Explaining Management Practices Across Firms Andcountries", *The Quarterly Journal of Economics*, November 2007.

Nicholas Bloom and John Van Reenen, "Why Do Management Practices Differ across Firms and Countries?", *Journal of Economic Perspectives*, 2010, 24 (1): 203 – 224.

Nicholas Bloom, "International Data on Measuring Management Pracitces", *American Economic Review: Papers & Proceedings*, 2016, 106 (5): 152 – 156.

Nicholas Bloom, "Does Management Matter? Evidence From India", *The Quarterly Journal of Economics*, 2013, 39 (2): 1 – 51.

Nicholas Bloom, "The Impact of Competition on Management Quality: Evidence from PublicHospitals", *Review of Economic Studies*, 2015,

24 (3): 1 −33.

Rakowska J., Haftka R., Watson L., "Tracing the Efficient Curve for Multi-objective Control Structure Optimization", *Computing Systems in Engineering*, 1991, 2: 461 −471.

Ramanujam V., Venkatraman N., Camillus J. C., "Multi-objective Assessment of Effectiveness of Strategic Planning: A Discriminant Analysis Approach", *Academy of Management Journal*, 1986, 29 (2): 347 −372.

Stefan Bender, Nicholas Bloom, "Management Practices, Workforce Selection, and Productivity", *Journal of Labor Economics*, 2018, 36 (3): 83 −115.

Stephen P. Osborne, Norman Flynn, "Strategic Alliances Managing the Innovative Capacity of Voluntary and Non-profit Organizations in the Provision of Publicservices", *Public Money and Management*, 1997, 17 (4): 31 −39.

V. Pareto, *Manuale di Economic Politica*, Milano: Society a Editrice Linraria, 1906.

Zadeh L. A., "Optimality and Non-scalar Valued Performance Criteria", *IEEE Transaction On Automatic Control*, 1963, 8: 59 −60.

附表 管理水平测度量表

1. 在 2012—2017 年，以下哪项最能描述当年本企业对生产过程中产生的问题的处理方式？（例如：产品有质量问题或生产机械故障）【请单选】

年份	2012	2013	2014	2015	2016	2017
仅做维修处理						
维修并确保同样问题不再发生						
维修并确保同样问题不再发生，并对该环节可能发生的问题进行预防工作						
不做处理						

2. 在 2012—2017 年，本工厂主要监测几个关键绩效指标？【请单选】

（绩效指标包括产能、成本、耗损、质量、库存、能耗、旷工、按时交货率等）

年份	2012	2013	2014	2015	2016	2017
1 到 2 个						
3 到 9 个						
10 个及以上						
不监测　　两年都选择此项，→跳至 6 题						

3. 在 2012—2017 年，本工厂管理层查看关键绩效指标的频率是？【可多选】

（管理层指手下有雇员定期直接向其汇报工作，对雇员的晋升和工资有决定作用的员工，例如：工厂经理、人力资源部经理、质管经理等）

年份	2012	2013	2014	2015	2016	2017
每年						
每季度						
每月						
每周						
每天						
每小时或更加频繁						
从不						

4. 在 2012—2017 年，本工厂非管理层查看关键绩效指标的频率是？【可多选】

（非管理层指除第 3 题中描述的其他员工）

年份	2012	2013	2014	2015	2016	2017
每年						
每季度						
每月						
每周						
每天						
每小时或更加频繁						
从不						

5. 在 2012—2017 年，企业在何处陈列产出及其他关键绩效指标的展示板？【请单选】

年份	2012	2013	2014	2015	2016	2017
所有展示板都位于同一处（如：生产线末端、管理系统界面）						
不同展示板位于不同处（如：生产线各个环节）						
没有展示板						

6. 在 2012—2017 年，以下哪项最能描述本工厂对生产目标的时间规划？【请单选】

年份	2012	2013	2014	2015	2016	2017
主要关注短期目标（一年以内）						
主要关注长期目标（一年以上）						
既关注短期目标也关注长期目标						
不关注　两年都选择此项，→跳至 13 题						

7. 在 2012—2017 年，以下最符合本工厂达成生产目标的困难程度是？【请单选】

年份	2012	2013	2014	2015	2016	2017
毫不费力地实现目标						
通过一些努力实现目标						
正常情况下可实现目标						
需要更多努力才能实现目标						
需要超乎寻常的努力才能实现目标						

8. 在 2012—2017 年，本工厂中哪些群体知道生产目标？【请单选】

年份	2012	2013	2014	2015	2016	2017
只有高级管理层						
大部分管理层和部分工人						
大部分管理层和大部分工人						
所有管理人员和工人						

9. 在 2012—2017 年，本工厂非管理层人员的绩效奖金主要由什么决定？【可多选】

年份	2012	2013	2014	2015	2016	2017
由个人生产目标完成情况衡量						
由团队生产目标完成情况衡量						
由工厂目标完成情况衡量						
由整个公司生产目标完成情况衡量						
没有绩效奖金　两年都选择此项，→跳至 11 题						

10. 在 2012—2017 年，若完成生产目标，本工厂有多少比例的非管理层人员可得到绩效奖金？【请单选】

年份	2012	2013	2014	2015	2016	2017
0						
1%—33%						
34%—66%						
67%—99%						
100%						
该年度未能完成生产目标						

11. 在 2012—2017 年，本工厂管理层人员的绩效奖金主要由什么决定？【可多选】

年份	2012	2013	2014	2015	2016	2017
由个人生产目标完成情况衡量						
由团队生产目标完成情况衡量						
由工厂目标完成情况衡量						
由整个公司生产目标完成情况衡量						
没有绩效奖金　两年都选择此项，→跳至 13 题						

12. 在 2012—2017 年，若完成生产目标，本工厂有多少比例的管理层人员可以得到绩效奖金？【请单选】

年份	2012	2013	2014	2015	2016	2017
0						
1%—33%						
34%—66%						
67%—99%						
100%						
该年度未能完成生产目标						

13. 在 2012—2017 年，本工厂非管理层人员的晋升主要由什么决定？【请单选】

年份	2012	2013	2014	2015	2016	2017
仅由能力和业绩决定						
部分由能力和业绩决定，也参考其他因素（如工作年限、关系等）						
主要由能力和业绩之外因素决定（如工作年限、关系等）						
非管理层人员一般没有晋升机会						

14. 在 2012—2017 年，本工厂管理层人员的晋升主要由什么决定？【请单选】

年份	2012	2013	2014	2015	2016	2017
仅由能力和业绩决定						
部分由能力和业绩决定，也参考其他因素（如工作年限、关系等）						
主要由能力和业绩之外因素决定（如工作年限、关系等）						
管理层人员一般没有晋升机会						

15. 在 2012—2017 年，在发现业绩不达标以后多久，会辞退非管理层人员？【请单选】

年份	2012	2013	2014	2015	2016	2017
发现业绩不达标的 6 个月之内						
发现业绩不达标的 6 个月之后						
几乎没有辞退现象						

16. 在 2012—2017 年，在发现业绩不达标以后多久，会辞退管理层人员？【请单选】

年份	2012	2013	2014	2015	2016	2017
发现业绩不达标的 6 个月之内						
发现业绩不达标的 6 个月之后						
几乎没有辞退现象